MW01643760

LA VERDAD

LEONIDAS PLAZA GUTIÉRREZ: VÍCTIMA DE SU SILENCIO

Rafael Arroyo Alcívar

Primera edición: junio 2023

ISBN 9798857031124

Diseño de portada: Ana María Arroyo Álvarez
Edición y corrección de estilo: Cristina Arroyo Álvarez
Diseño y diagramación: Ana María Arroyo Álvarez

Rafael Arroyo Alcívar
(Quito, 1951)

Ingeniero Civil, aficionado a la historia. La presente obra es su primera publicación.

Dedico este libro a mi madre,
Dolores Alcívar Iturralde,
seguro de que le va a gustar.

Índice

INTRODUCCIÓN

El general Leonidas Plaza Gutiérrez es un personaje más, de tantos, maltratado por la historia ecuatoriana.

El Gral. Plaza abrazó la causa liberal desde muy joven. No había cumplido dieciocho años de edad cuando se enlista en las fuerzas del general Eloy Alfaro Delgado en su cruzada por implantar un régimen liberal en Ecuador. Derrotados militarmente por el gobierno del presidente Caamaño a fines de 1884, Alfaro y Plaza, entre otros, escapan a Centroamérica. De 1885 a 1895, Leonidas Plaza Gutiérrez lucha por la causa liberal en varios países de esa región. Regresa al Ecuador con el grado militar de General para unirse nuevamente al Gral. Alfaro en 1895, vísperas del triunfo de la Revolución Liberal en este país. A lo largo de su vida militar y política, el Gral. Plaza asumió con lucidez varios cargos, entre los que se destaca la Presidencia de la República del Ecuador en dos ocasiones, de 1901 a 1905 y de 1912 a 1916.

El libro que está en sus manos no es una biografía. Se limita a desvirtuar cinco temerarias acusaciones de las que fue víctima el general Leonidas Plaza Gutiérrez.

No puedo precisar con exactitud desde hace cuánto he anhelado que se escriba la verdad sobre el general Leonidas Plaza Gutiérrez, solo sé que son algunas décadas. Recuerdo que el primer intento serio para cristalizar este proyecto contó con el firme apoyo del Dr. Mauricio Pérez Martínez allá por el año 2008 o 2009. En ese momento analizábamos con Mauricio desde el candidato para escribir la biografía a la estrategia para levantar fondos para financiar el costo de su publicación. No era una buena época para el Ecuador y el proyecto quedó trunco.

En mis frecuentes encuentros con el Dr. Fernando Jurado Noboa y con Diego Moscoso Peñaherrera, afloraban en nuestras charlas la vida y obra del Gral. Plaza y la frase de estos amigos era siempre: "Debes escribir su biografía, yo te ayudo con toda la información que tengo".

Por el año 2018, un encuentro fortuito con Galo Plaza Gómez de la Torre, bisnieto del Gral. Plaza, me decidió a emprender personalmente la tarea de escribir este libro. Me convenció su entusiasmo en apoyarme en este empeño.

Unos tres años después, en noviembre de 2021, un nuevo encuentro con Ricardo Crespo Plaza, otro bisnieto del personaje, me instó a no posponer más esta tarea. De inmediato, Ricardo me puso en contacto con un tercer bisnieto de Plaza, su primo Fernando Polanco Plaza, quien también se entusiasmó con el proyecto y me abrió generosamente las puertas del archivo de la familia Plaza que se encuentra en la Hacienda Zuleta. Arranqué de inmediato con la investigación y varias lecturas acerca del tema.

La investigación en el Archivo Plaza en Zuleta habría demorado mucho tiempo si no hubiera contado con el desinteresado y decidido apoyo de Álvaro Ponce Almeida, Santiago Crespo Seminario, Rafael Cordero Aguilar y Andrés Ponce Palacios.

Como aficionado que soy a la historia, lo que me impulsa a escribir sobre el Gral. Leonidas Plaza Gutiérrez y otros personajes históricos, que no cabe mencionar en este momento, es la desazón que me produce verlos tan denigrados por algunos historiadores.

Soy sobrino bisnieto del Gral. Plaza Gutiérrez. Desciendo directamente de su hermana Dolores Plaza Gutiérrez de Iturralde Irazábal, mi bisabuela materna, la abuelita "Lolo" para mi madre y su hermana Margarita y el resto de los primos Iturralde Plaza. La tradición familiar pinta al Gral. Plaza, al tío Leonidas como le llaman, como un hombre honesto, respetuoso, afectuoso con propios y ajenos. Aguerrido y valiente como soldado. Un estadista democrático y liberal. Una imagen bastante distinta de la que se refleja en la gran mayoría de libros de historia.

En una carta fechada en Bahía el 27 de enero de 1896, el señor José Buenaventura Plaza le decía a su hijo Leonidas Plaza Gutiérrez apenas este asumió la gobernación del Azuay: "*...Las autoridades llamadas a reformar un pueblo extirpando males legendarios, tienen que convencer no con palabras sino con hechos; el Magistrado tiene, pues, que ser intachable públi-ca y privadamente, y serlo también –en lo posible– todos sus colaboradores ...*" [1]. El Gral. Plaza, a lo largo de su vida, pública y privada, siguió al pie de la letra el consejo del padre.

Cuando a fines del 2021 visité a Fernando Jurado Noboa para contarle que estaba decidido a escribir este libro, entre otros consejos, me sugirió que escribiera la biografía en dos

---

1 Archivo Plaza en Zuleta. Carta de José Buenaventura Plaza a Leonidas Plaza Gutiérrez fechada en Bahía el 27 de enero de 1896.

tomos. Que el primero trate de las más graves acusaciones y tachas que han afectado el prestigio y la imagen del Gral. Plaza y que en el segundo aborde su biografía propiamente dicha. Acaté su sugerencia.

El título de esta obra es "La verdad" porque eso quiero presentar y el subtítulo, "Leonidas Plaza Gutiérrez: víctima de su silencio", porque así ocurrió. El Gral. Plaza Gutiérrez creía que la verdad saldría a flote tarde o temprano y que la verdad de sus actos lo absolverá ante sus conciudadanos y la Patria. No fue así. Uno o dos historiadores se encargaron de manchar la vida del Gral. Plaza y, lamentablemente, quienes les siguieron, que fueron numerosos, no investigaron lo suficiente e impidieron que la verdad aflore, al limitarse a repetir calumnias.

Leonidas Plaza Gutiérrez fue víctima de su silencio, como se demuestra en una carta que dirige el 8 de octubre de 1904 al Gral. Julio Andrade. El primero era el presidente del Ecuador y el segundo estaba en Bogotá en calidad de enviado especial y ministro plenipotenciario del Ecuador en Colombia. En ella, el Gral. Plaza Gutiérrez expresa lo siguiente:

> *" ... me ha causado profunda impresión, porque veo que llega a usted y con buen éxito, la campaña de calumnias y mentiras levantada por nuestros enemigos, cosa que no he esperado nunca, porque había creído que las manifestaciones de estimación y aprecio que he hecho a usted, eran seguro baluarte contra cualquier clase de intrigas; pero no por esto ha menguado la estimación que le tengo porque me precio de ser un hombre de mundo y tengo la costumbre de dejar las cosas al*

tiempo que todo lo aclara, y como mi procedimiento es en todo caso leal y franco, el resultado tiene que serme siempre favorable". [2]

Lamentablemente la verdad en los asuntos que abordo en esta obra no prevaleció; al contrario, las calumnias en contra del Gral. Leonidas Plaza Gutiérrez lanzadas por sus opositores fueron recogidas por la historia afectando su verdadera imagen. El Gral. Plaza fue un hombre humanitario y un liberal demócrata convencido. El objetivo de este libro es sacar a relucir la verdad de algunos hechos en la vida del general para mostrar su real personalidad y limpiar su imagen histórica.

Le seguirá un segundo tomo cuyo título será igual al primero, pero el subtítulo será: "Leonidas Plaza Gutiérrez: Estadista y Soldado". Porque eso fue Plaza: un formidable soldado y un gran estadista. En este segundo tomo narraremos su vida y obra.

El común de los ecuatorianos está convencido de que el Gral. Plaza urdió el atroz "arrastre de los Alfaro", como se conoce al asesinato del Gral. Eloy Alfaro y cinco compañeros, en Quito, el 28 de enero de 1912, y del Gral. Pedro J. Montero, tres días antes, en Guayaquil; se le acusó también de ser el autor intelectual de la muerte del Gral. Julio Andrade Rodríguez, el 5 de marzo del mismo año; se dijo que fue el responsable del bombardeo a la ciudad de Esmeraldas en el

---

2 De la Torre Reyes, Carlos. (1995). *La Espada sin Mancha*. Quito: Ediciones del Banco Central del Ecuador, página 271.

marco del conflicto conocido como la Guerra de Concha; se le calificó de mercenario y de haber traicionado al liberalismo en su paso por Nicaragua; incluso, se dijo que nació en Colombia, por lo que tuvo que suplantar la identidad de un hermano para poder ejercer la Primera Magistratura del Ecuador.

Este libro demuestra, con evidencia irrefutable, que tales imputaciones son embustes creados por inconscientes y malintencionados opositores políticos.

Advierto a los lectores que los tres primeros capítulos siguen un orden cronológico, no así los dos siguientes.

EL ASESINATO DE ELOY ALFARO Y SUS COMPAÑEROS

Al general Leonidas Plaza Gutiérrez injustamente se le imputa la responsabilidad del atroz crimen que fue el arrastre del Gral. Eloy Alfaro y sus compañeros de prisión cometido en Quito el domingo 28 de enero de 1912 y del crimen, también atroz, del Gral. Pedro J. Montero en Guayaquil tres días antes.

Esta calumnia fue lanzada por Olmedo Alfaro Paredes, hijo de Eloy, desde Panamá en mayo de 1912. En su libro *El asesinato del general Eloy Alfaro* dice al final:

> *"... Ante el cúmulo de pruebas expuestas en el curso del escrito y proporcionadas solo por los mismos funcionarios, que formaban entonces el gobierno del Ecuador, ratifícome en mi manifiesto anterior, acusando del salvaje asesinato perpetrado en la persona de mi padre, en primer lugar, al general Leonidas Plaza Gutiérrez; en segundo lugar, al doctor Carlos Freile Zaldumbide, y en tercer lugar, a los ministros de Estado Juan Francisco Navarro, Octavio Díaz, y demás colegas".*[3]

---

3 Alfaro Paredes, Olmedo. (2012). *El Asesinato del general Eloy Alfaro.* Quito: Editorial El Conejo, página 81.

A la luz de cómo se dieron los hechos vamos a demostrar que, al contrario de lo que dice gran parte de la historiografía, el Gral. Plaza puso todo su empeño en proteger la vida de Eloy Alfaro y de quienes lo acompañaban, más de una vez, incluso arriesgando la suya propia.

EL 11 DE AGOSTO DE 1911

A eso de la una de la tarde del 11 de agosto de 1911, el Gral. Eloy Alfaro se encontraba en su despacho en el Palacio de Gobierno. Era el presidente de la República. Lo acompañaban sus más íntimos colaboradores: los señores José Peralta, Belisario Albán Mestanza, Rafael Aguilar, Francisco Martínez Aguirre, Manuel Montalvo, Cnel. Pasquel, entre otros. Estaban también presentes sus dos hijos varones: Olmedo y Colón Eloy.[4]

El día anterior había fracasado el intento de golpe de Estado en favor de la continuidad del Gral. Eloy Alfaro en el poder, dado que no recibió el respaldo que esperaba ni de las fuerzas políticas ni de las fuerzas armadas. El desprestigio del presidente Alfaro en esos momentos era enorme y evidente.

Su período presidencial terminaba en veinte días y debía traspasar el poder al presidente electo a inicios de ese año: el señor Emilio Estrada Carmona.

Ese día, a la hora indicada, recibió el presidente Alfaro a una delegación de ciudadanos que lo invitaban a dejar el

---

4 Robalino Dávila, Luis. (1969). *Orígenes del Ecuador de hoy*, tomo VIII. Puebla: Editorial José M. Cajica Jr. S.A., página 459.

poder y renunciar a la presidencia de la república. La delegación estaba conformada por los señores Cnel. Manuel Moreno, Federico Fernández Madrid y César Mantilla Jácome[5]. Alguna otra versión de este suceso menciona también la presencia del señor Rafael Vásconez Gómez.

El Gral. Alfaro se sabía derrotado y, sin más, a pesar de las protestas de su hijo Olmedo y de otros colaboradores presentes, accedió a renunciar y abandonar el Palacio de Gobierno. La situación era insostenible.

En las horas previas a su renuncia, soldados de algunas de las guarniciones acantonadas en Quito habían salido de sus cuarteles a los gritos de "Viva Estrada", "Abajo Alfaro", "Abajo la dictadura" y "Viva la Constitución". Recorrían la ciudad dando tiros al aire. Esta postal sobre el clima que se vivió en esos días sirve para reforzar que el proyecto de declararse dictador fracasó por el escaso apoyo con el que contaba Alfaro.

Tras la decisión del hasta entonces presidente de declinar su cargo, los colaboradores del Gral. Alfaro se comunicaron con varios miembros del Cuerpo Diplomático acreditados en Quito para solicitarles que concedieran asilo y protección física al general y a ellos mismos.

El enviado especial y ministro plenipotenciario de la República de Chile, el doctor Víctor Eastman Cox, atendió a este pedido de auxilio y se acercó al Palacio de Gobierno con el fin de escoltar al ya depuesto presidente Alfaro hasta su residencia diplomática, ubicada en la esquina suroriental

---

5 Robalino Dávila (1969), op. cit., página 458.

de la Plaza Grande. Acudió también al llamado el doctor Alfredo Barros Moreira, ministro plenipotenciario de los Estados Unidos del Brasil.

En el trayecto entre el Palacio de Carondelet y la residencia del ministro Eastman, de algo más de 100 metros, el Gral. Alfaro fue objeto de insultos e intentos de agresión de personas de toda condición social que se habían congregado en la Plaza Grande.

Un hecho se destaca entre tantas provocaciones. Al Gral. Alfaro, quien iba escoltado por los mencionados diplomáticos[6], se le acercó un soldado y sin dar tiempo a nada, colocó el cañón de su fusil en la boca del Viejo Luchador, profiriendo toda clase de ofensas. El señor Eastman Cox se volvió hacia él, tomó con sus manos el cañón del fusil del soldado agresor y lo colocó contra su pecho, al tiempo que declaraba que el ciudadano Alfaro estaba protegido por el gobierno de Chile y que primero tendría que matarlo a él antes de ofender al Gral. Alfaro. El soldado titubeó y bajó su arma. Gracias a esta heroica acción y a la valentía de un buen número de personalidades, entre ellos el Cnel. Manuel Moreno, quien fue una de las personas que minutos antes solicitó la renuncia al presidente Alfaro, este y sus dos hijos lograron llegar sanos y salvos a la residencia del ministro Eastman Cox[7]. Posteriormente, se unieron a ellos su esposa, la señora Ana Paredes de Alfaro y su hija, la señorita América Alfaro Paredes.

El resto de colaboradores del Gral. Alfaro fueron conducidos a prisión en el Panóptico de Quito por oficiales

6 Robalino Dávila (1969), op. cit., página 461.

7 Robalino Dávila (1969), op. cit., página 462.

y soldados que apoyaban el cambio de gobierno. Hasta tanto, el pueblo de Quito se había concentrado en los alrededores de la Plaza Grande y, cuando vio pasar a los colaboradores de Alfaro, un grupo decidió seguirlos hasta allí. Los ánimos de la turba continuaban exaltados y cobraban intensidad a medida que se animaban unos a otros. Finalmente, los ciudadanos asaltaron la prisión y dieron muerte al Cnel. Luis Quirola, cuyos despojos arrastraron por las calles quiteñas; macabro preludio de lo que sucedería pocos meses después.

El Cnel. Quirola fue una víctima casual de los hechos que estamos narrando, ya que guardaba prisión, a la espera de su juicio, porque un mes antes, el 3 de julio de 1911, a plena luz del día y ante testigos, había disparado varios tiros al Gral. Emilio María Terán que ocasionaron su muerte[8]. Los móviles para este acto no han sido plenamente aclarados y no vienen al caso para los propósitos de este libro.

Pero ¿por qué en ese día, 11 de agosto de 1911, los ánimos de la población estaban tan agitados como para presionar a la renuncia del Gral. Alfaro? La animadversión que un importante conglomerado ciudadano profesaba a Alfaro y a cualquier persona relacionada con él tiene sus causas.

La Revolución Liberal en el Ecuador, desde temprano, mostró dos caras. Ambas se tildan de liberalismo radical en cuanto a que comparten ciertos ideales como separar el Estado de la Iglesia, otorgar libertades a los ciudadanos, establecer una educación gratuita y laica e introducir reformas legales que permitiesen la participación de la mujer en la política y demás

8 Irónicamente, el revólver utilizado por el Cnel. Luis Quirola para asesinar al Gral. Emilio María Terán fue regalo de éste a aquel.

actividades sociales. No obstante, mientras una cara estaba dominada por gente violenta que creía más en la fuerza de las armas que en la justicia social, la otra creía en la democracia y el respeto a la institucionalidad. La primera se manifiesta en el "alfarismo", mientras que esta última está representada por varias corrientes, entre ellas, el "placismo".

LA IMPOPULARIDAD DE ALFARO

El 11 de agosto de 1911, el Ecuador se encontraba en el término del segundo mandato del Gral. Alfaro. El primero se había extendido durante seis años: los dos primeros (1895 - 1897) como dictadura luego de la Revolución Liberal, y los cuatro últimos (1897 - 1901) como presidente constitucional para lo que fue elegido por la Constituyente de 1897. [9]

De 1901 a 1905 gobernó el Ecuador el Gral. Leonidas Plaza Gutiérrez tras ganar las elecciones generales celebradas a inicios de 1901. El Gral. Plaza entregó el poder democráticamente el último día de agosto de 1905 a quien había ganado las elecciones celebradas a inicios de ese mismo año, el señor Lizardo García.

Pero pocos meses después, el 19 de enero de 1906, triunfó un golpe de Estado liderado por el Gral. Eloy Alfaro, que luego de cruentas batallas iniciadas por una sublevación militar generada en Riobamba el 31 de diciembre de 1905,

---

9 Muñoz Borrero, Eduardo. (1988). *En el Palacio de Carondelet.* Quito: Artes Gráficas Señal, página 249 y siguientes.

depuso al presidente García para luego asumir el poder de facto. Así empezó su segunda administración. Gobernó como jefe supremo desde enero de 1906 hasta inicios del 1907, para nuevamente ser nombrado presidente constitucional por la Asamblea Constituyente de 1906 para el período 1907 a 1911[10].

A inicios de 1911 ganó las elecciones presidenciales el señor Emilio Estrada Carmona, quien debía suceder a Alfaro en el período 1911 a 1915, con el beneplácito del propio Gral. Alfaro y con su activa participación. Sin embargo, a los pocos meses de triunfar en las elecciones, el señor Estrada perdió el apoyo del presidente Alfaro, lo que desembocó en varias tendencias en torno a quién debía gobernar el Ecuador.

Una, la liderada por el propio Eloy Alfaro, quería continuar en el ejercicio de la presidencia de la república e implicaba romper la democracia y la Constitución. Una segunda tendencia respaldaba la elección del señor Estrada y deseaba mantener el régimen democrático. La tercera pretendía apoyar una dictadura del Gral. Emilio María Terán, un militar liberal muy popular en la Sierra ecuatoriana, intento que se frustró con su asesinato perpetrado el 3 de julio de 1911, como ya mencionamos. Había una cuarta, muy limitada, que favorecía una dictadura del Gral. Flavio Alfaro Santana, sobrino del Gral. Eloy Alfaro.

Estos primeros dieciséis años de liberalismo en Ecuador marcaron un enorme contraste entre los dos gobiernos del

---

10 Hay que anotar que el Gral. Eloy Alfaro nunca fue elegido presidente de la república mediante elecciones generales; sus dos presidencias fueron producto de nombramientos por Congresos Constituyentes.

Gral. Alfaro (1895 a 1901 y 1906 a 1911) con la primera administración del Gral. Plaza (1901 a 1905). Alfaro gobernaba a palo y piedra, rodeado de escándalos de todo tipo. Desde ataques a iglesias y conventos, represión a ciudadanos opositores al régimen liberal y destrucción de imprentas, a los asesinatos del periodista Víctor León Vivar, el Cnel. Antonio Vega Muñoz[11], el padre Emilio Moscoso[12] y unas pocas reformas liberales. Debe mencionarse también la masacre de estudiantes y personas del pueblo ocurrida en Quito el 25 de abril de 1907[13]. Uno de los aspectos que estuvo bajo escrutinio fue el contrato para la construcción del ferrocarril que une Guayaquil con Quito, blanco de numerosas críticas que estimaban que el gobierno del Gral. Alfaro era demasiado permisivo con las exigencias de la empresa constructora.

Indudablemente que el primer período de gobierno del Gral. Alfaro tuvo aciertos. Se concretaron varias reformas liberales en la Constitución de 1897 y en las leyes promulgadas en este período. Se impulsó la construcción del ferrocarril que une Guayaquil con Quito. Se sofocaron los levantamientos conservadores: se libraron más de 20 batallas entre 1895 y 1900[14] contra las fuerzas conservadoras y progresistas que gobernaron el Ecuador durante décadas.

Por su parte, el Gral. Plaza gobernó entre 1901 y 1905 respetando a la Iglesia y a sus opositores políticos, apoyó la

11 Robalino Dávila (1969), op. cit., página 243.

12 Robalino Dávila (1969), op. cit., página 256.

13 Robalino Dávila (1969), op. cit., página 258 y siguientes.

14 Ayala Mora, Enrique (editor). (1988). *Nueva Historia del Ecuador*, Época Republicana III, volumen 9. Quito: Corporación Editora Nacional / Editorial Grijalbo Ecuatoriana, página 122 inserto.

libertad de prensa y realizó reformas liberales considerables. En cuanto a la construcción del ferrocarril de Guayaquil a Quito, impulsó la obra sin ceder a todas las pretensiones de la empresa constructora y, durante su administración, se extendió el tramo desde Yaguachi hasta Guamote. Plaza gobernó en paz, puso en orden las finanzas públicas, respetó y apuntaló la institucionalidad del Estado. Y hubo paz en la república.

El Gral. Plaza, durante su gobierno y a pesar del distanciamiento producido con el Gral. Alfaro en 1901, tuvo la gallardía de permitir que fuera él quien presida la ceremonia por la llegada del tren a Palmira, hito importante en esta obra, porque significaba que se había superado la cordillera occidental de los Andes.

Mucha tinta ha corrido sobre el distanciamiento del Gral. Alfaro y el Gral. Plaza. Nos limitaremos a tomar una de las versiones, aquella que en nuestro criterio es la más verosímil. El Gral. Alfaro quiso seguir gobernando al Ecuador a través del gobierno de Plaza y este no le permitió.

El Gral. Eloy Alfaro, en el capítulo relativo a las elecciones de 1901 en lo que se llamó Escritos Históricos[15], dijo lo siguiente:

---

15 Alfaro Delgado, Eloy. (2014). *Escritos Históricos: Colección de pensamientos de nuestra América*. Guayaquil: Fondo Editorial casa de las Américas, Ecuador – Cuba.

> *"El Senado eligió para su Presidente al doctor Manuel B. Cueva y la Cámara de Diputados al Gral. Leonidas Plaza Gutiérrez.- ... Notable contraste presentaban ambas Cámaras. La del Senado cuyo Presidente estaba resentido, era un elemento obstruccionista para los proyectos de razonables reformas que patrocinaba el Gobierno.- Todo lo contrario pasaba en la de Diputados, debido principalmente a la labor patriótica y decidida de su Presidente, quien se esmeraba en mantener vivos entre sus colegas los más elevados sentimientos doctrinarios propios de un buen radical. Por esta conducta sin resabios, captose el Gral. Plaza el afecto de todos los liberales.- Los proyectos de Instrucción oficial, laica, de Registro Civil y de Cementerios laicos, que en otras naciones tan católicas como el Ecuador, rigen tiempo ha, pasaron con dificultad en el Senado, mientras que en la Cámara de Diputados fueron acogidos con entusiasmo por inmensa mayoría.- Hasta el arreglo de la Deuda Externa, que Congresos anteriores habían rehuido resolver, fue entonces aprobado, debido en mucho a la labor del Presidente de la Cámara de Diputados.- ..."*[16]

Tampoco podemos olvidar que el Gral. Plaza estuvo en Gatazo y su desempeño fue, por decir lo menos, brillante para la victoria de las fuerzas liberales. Luego de librar otras batallas para consolidar el triunfo liberal, el Gral. Plaza fue destacado como gobernador del Azuay para pacificar esa provincia luego de la nefasta gobernación ejercida por el Gral. Manuel Antonio Franco, lugarteniente de Eloy Alfaro.

---

16 Alfaro Delgado. (2014) op. cit., página 349 y 350.

De gobernador del Azuay pasó a ser jefe de operaciones de la Zona Sierra Centro, cargo a través del cual, esta vez por medio de la guerra librada en varias batallas, pacificó esa zona en favor de los liberales.

¿Qué provocó que la opinión favorable que tenía Alfaro sobre Plaza cambie? Nunca vamos a conocer la verdadera causa, pero cabe sospechar que fue la misma que le sucedió diez años después al presidente Estrada: al Gral. Alfaro le costaba dejar el poder.

En la segunda administración de Alfaro regresaron los abusos contra la prensa, se descuidaron las obras públicas y se pretendió construir nuevas redes de ferrocarriles en condiciones leoninas en contra de los intereses de la nación. Para costear la construcción de más líneas férreas, el país se comprometió a entregar gigantescas extensiones territoriales a quienes las financiaban[17]. Se habló de las negociaciones con el gobierno de los Estados Unidos de América para ceder las Islas Galápagos a cambio de un empréstito[18]. La opinión pública también reclamaba a los militares y al gobierno de Alfaro por descuidar nuestra heredad territorial en el Oriente ante la impune toma de nuestros ríos amazónicos por parte de fuerzas peruanas[19].

---

17 El 22 y 28 de marzo de 1907 se publicaron en el Registro Oficial los contratos para la construcción de los ferrocarriles de Ambato al Oriente y de Bahía de Caráquez a Vinces o Babahoyo pasando por Quevedo y Balzar. Robalino Dávila (1969), op. cit., página 264.

18 Muñoz Borrero (1988), op. cit., página 295.

19 Robalino Dávila (1969), op. cit. , página 474.

El año 1910 fue crítico para el Ecuador y el gobierno de Alfaro. Ante la inminencia de que se dictara el laudo arbitral del Rey de España en el diferendo territorial entre el Ecuador y el Perú, los ánimos estaban exaltados por el sentimiento nacionalista que afloraba en la población ecuatoriana. Corría el rumor de que el laudo arbitral sería perjudicial para el país y Ecuador estaba dispuesto a ir a la guerra antes que aceptar un dictamen contrario a los intereses patrios. Para julio de 1910, tropas peruanas bloquearon la población ecuatoriana de Rocafuerte ubicada en la desembocadura del Aguarico en el Napo, invadieron y se instalaron en Torres Causana en la desembocadura del Curaray y amenazaron tomar otras posesiones ecuatorianas como Mazán[20].

Quizá el colaborador más cuestionado en la segunda administración del Viejo Luchador y que contribuyó significativamente a la impopularidad del gobierno fue su hijo Olmedo Alfaro Paredes por sus conocidos intereses en la construcción de las nuevas líneas ferroviarias [21].

EL GRAL. PLAZA ESTABA ALEJADO DE LA POLÍTICA INTERNA

Mientras todo esto sucedía en Ecuador, el Gral. Plaza se encontraba proscrito en Nueva York.

Al término de su mandato y luego de entregar el poder al señor Lizardo García el 1 de septiembre de 1905, fue nom-

20 Robalino Dávila (1969), op. cit., página 354.

21 Robalino Dávila (1969), op. cit., página 450.

brado enviado especial y ministro plenipotenciario del Ecuador ante el gobierno de los Estados Unidos de América.

Fiel a su vocación democrática, el Gral. Plaza y su flamante esposa, Avelina Lasso Ascásubi, partieron en octubre de 1905 a establecerse en Nueva York para ejercer sus funciones diplomáticas. Se habían casado en marzo de ese mismo año.

Fue bajo estas circunstancias que el golpe de Estado en su país sorprendió al Gral. Plaza. Como dijimos, el golpe inició el 31 de diciembre de 1905 al declararse en rebeldía la guarnición militar en Riobamba, bajo el mando del Gral. Emilio María Terán, movimiento que fue respaldado en los días siguientes por algunas otras guarniciones militares.

Por su parte, el presidente García se encontraba celebrando el Nuevo Año en la casa presidencial con un baile de disfraces y gran pompa cuando recibió un telegrama suscrito por el Gral. Emilio María Terán, que decía:

> *"Sr. Lizardo García: Saludo a usted y le deseo un feliz año nuevo, comunicándole, a la vez, que la guarnición de Riobamba está a mis órdenes, porque acaba de proclamar Jefe Supremo de la Nación al Sr, General Eloy Alfaro"* [22].

A partir de ese momento, se libraron algunas batallas que dejaron como consecuencia muchas víctimas militares y civiles entre quienes apoyaban la revuelta, así como entre aquellos que defendían el orden constituido. En las batallas de Riobamba, Bellavista, Chasqui y Guayaquil, libradas el 31 de diciembre de 1905 y los días 4, 15 y 18 de enero

22 Muñoz Borrero (1988), op. cit., página 271.

de 1906, respectivamente, se contabilizaron cerca de setecientos muertos [23].

El Gral. Plaza, urgido por la obligación de un demócrata, regresó al Ecuador para apoyar al régimen del señor García. Llegó a Guayaquil el día 18 de enero de 1906 y, ante la derrota de las fuerzas constitucionales al día siguiente, se vio obligado a abandonar Guayaquil y retornar al seno de su familia vía Panamá el 19 de enero de 1906 en la tarde. El 20 de enero, a las 2 am, se desató un incendio en la ciudad de Guayaquil; para las 8 am las fuerzas constitucionales capitulaban ante los rebeldes.[24]

Así, la revuelta de Alfaro tuvo éxito y el señor García debió exiliarse. Le tomó al Gral. Alfaro casi tres semanas deponer al señor Lizardo García; en cambio, cinco años y medio más tarde, el 11 de agosto de 1911, el Gral. Alfaro fue depuesto en menos de una hora [25].

Ironías de la vida, precisamente el día 16 de febrero de 1906, en que nacía Galo Plaza Lasso, el primogénito del hogar del Gral. Plaza y Avelina Lasso, el ministro de Relaciones Exteriores encargado del nuevo régimen, Manuel Montalvo, destituyó de su misión diplomática al general en gesto hostil.

Desde ese momento el Gral. Plaza pasó a ser un exiliado, situación que persistió hasta su retorno al Ecuador luego de la caída de Alfaro en 1911.

---

23 Ayala Mora (editor) (1988), op. cit., página 122.

24 Loor, Wilfrido. (1947). Eloy Alfaro 1901-1912. Quito: Editora Moderna, páginas 760 - 761.

25 Robalino Dávila (1969), op. cit., página 479.

MINISTERIO DE RELACIONES EXTERIORES

Nº 52

Quito Febrero 17 de 1906

Señor General Don Leonidas Plaza G.

New-York.

Con fecha de ayer, se ha expedido el siguiente Acuerdo:

"El Encargado del Mando Supremo de la República,- Acuerda:--Dar por terminada la misión Diplomática que se le confió cerca del Gobierno de los Estados Unidos de Norte América al Señor General Leonidas Plaza G., con el carácter de Enviado Extraordinario y Ministro Plenipotenciario.--Comuníquese.--Palacio Nacional, en quito, á 16 de Febrero de 1906.--Rúbrica del Encargado del Mando Supremo,--El Ministro de lo Interior, encargado del Despacho de Relaciones Exteriores,--Manuel Montalvo."

Lo que transcribo á Ud. para su conocimiento, manifestándole, de orden del Señor Encargado del Mando Supremo de la República, que se apresure en rendir cuenta á ese Consulado General de las cantidades que le fueron entregadas á Ud. por la Tesorería de Hacienda de Guayaquil, como sueldos adelantados por un semestre, y para gastos de representación y diplomáticos.

El Señor Doctor Felicísimo López, nombrado Cónsul

Oficio de Manuel Montalvo destituyendo al Gral. Plaza

General en ese puerto, está autorizado por este Ministerio para exigir de Ud. el cumplimiento de esta disposición.

DIOS Y LIBERTAD.

El Ministro de lo Interior, encargado del Despacho,

Manuel Montalvo

Ministerio de Relaciones Exteriores N° 52
Quito, Febrero 17 de 1906

Señor General Don Leonidas Plaza G.
New York,

Con fecha de ayer se ha expedido el siguiente Acuerdo:

El Encargado del Mando Supremo de la República, - Acuerda:-- Dar por terminada la misión Diplomática que se le confió cerca del Gobierno de los Estados Unidos de América al Señor General Leonidas Plaza G., con el carácter de Enviado Extraordinario y Ministro Plenipotenciario. – Comuníquese. – Palacio Nacional, en quito, á 16 de Febrero de 1906. – Rúbrica del Encargado del Mando Supremo, -- El Ministro de lo Interior, encargado del Despacho de Relaciones Exteriores, -- Manuel Montalvo."

Lo que transcribo a Ud. para su conocimiento, manifestándole, de orden del Señor Encargado del Mando Supremo de la República, que se apresure en rendir cuenta a ese Consulado General de las canti-dades que le fueron entregadas a Ud. por la Tesorería de Hacienda de Guayaquil, como sueldos adelantados por un semestre, y para gastos de representación y diplomáticos. El Señor Doctor Felicísimo López, nombrado Cónsul General en ese puerto, está autorizado por este Ministerio para exigir de Ud. el cumplimiento de esta disposición.

DIOS Y LIBERTAD

El Ministro de lo Interior, encargado del Despacho
(firma) Manuel Montalvo

En esa época, las comunicaciones estaban lejos de ser lo que son hoy. Las noticias tardaban algunos días. Las conexiones para desplazarse físicamente no eran puntuales ni frecuentes ni rápidas. El movimiento de personas y carga se hacía exclusivamente por superficie (tierra y agua). La comunicación se hacía por telegrama o por misivas. No era raro que los gobiernos violaran la reserva en la comunicación epistolar y telegráfica y estuvieran bien informados de los paraderos y planes de sus opositores.

En estas condiciones, resulta inverosímil que el Gral. Plaza, residiendo en los Estados Unidos de América, hubiera estado conspirando para derrocar al presidente Alfaro y es del todo imposible que el Gral. Plaza hubiera estado enconando los ánimos populares en su contra. De hecho, como veremos más adelante, el Gral. Plaza estaba por esas fechas planeando mover su hogar de Nueva York a Londres.

El 11 de agosto de 1911, día en que el Gral. Alfaro fue depuesto, su reemplazo de acuerdo con la Constitución vigente fue el presidente del Senado, el señor Carlos Freile Zaldumbide. La noticia de este suceso seguramente llegó, gracias al telégrafo, horas o pocos días después a Nueva York.

Enterado el Gral. Plaza de este acontecimiento, arribó a Guayaquil en el vapor *Perú* el 2 de septiembre de 1911 y a Quito el 9 de septiembre[26]. Mientras tanto, su esposa, la señora Avelina Lasso de Plaza, se quedó en Nueva York a cargo de sus tiernos cuatro hijos y en vísperas de dar a luz a la quinta[27].

26 Loor (1947), op. cit., página 907.

27 Los cinco hijos que habían nacido en el primer exilio del Gral. Plaza son Galo (1906), Leonidas (1907), José María (1908), María (1909) y Elsa (1911, septiembre).

En Ecuador, el Gral. Ulpiano Páez, como jefe militar de la Segunda Zona, al conocer la noticia de la caída del Gral. Alfaro, salió a defender al régimen alfarista con el ejército acantonado en Ambato al que se incorporaron las fuerzas acantonadas en Latacunga. El 12 de agosto de 1911 el ministro plenipotenciario del Brasil, señor Alfredo Barros Moreira, quien también escoltó al Gral. Alfaro desde el Palacio de Gobierno hasta la residencia del ministro chileno, llevó al Gral. Páez un mensaje del Gral. Alfaro por el cual le pedía deponer las armas en aras de la paz de la república. El ministro brasileño cumplió la misión desplazándose hasta Latacunga y el Gral. Páez renunció a su empeño y cargo[28] y partió al exilio pocos días después por Guayaquil.

En Quito, grupos de opositores al Gral. Alfaro permanecían en constante vigilia en los bajos de la residencia del señor Eastman Cox, donde se encontraba asilado el expresidente y su familia. El motivo de la vigilia era impedir que el Gral. Alfaro huyera o, alternativamente, exigir fuera entregado al pueblo para ser ajusticiado.

Tal era el ánimo que un grupo de exaltados asaltaron y destruyeron la imprenta de *El Tiempo* de propiedad del Cnel. Luciano Coral, un ciudadano ecuatoriano de origen colombiano que escribe a favor del alfarismo[29], a quien una parte de la opinión pública, particularmente el periódico *El Ecuatoriano*, lo calificaba de libelista, corruptor, mentiroso, descarado que enlodó toda reputación[30]. Luciano Coral es apresado el mismo 11 de agosto de 1911, pero luego liberado a los pocos días.

---

28 Loor (1947), op. cit., página 905.

29 Robalino Dávila (1969), op. cit., página 477.

30 Robalino Dávila (1969), op. cit., página 479.

ESTRADA ASUME LA PRESIDENCIA

Posesionado el señor Emilio Estrada Carmona como presidente constitucional el 1 de septiembre de 1911, este y el Congreso inician una discusión sobre la concesión o no de un salvoconducto al Gral. Eloy Alfaro. Como parte de las condiciones, y ante el Cuerpo Diplomático, de manera expresa con la firma de un acta, el Gral. Alfaro se compromete a salir del país y a no retornar ni intervenir en su política interna al menos un año.

El Gral. Plaza, como ya dijimos, días antes de la caída de Alfaro, estaba planeando establecerse en Londres, conforme se desprende de una carta de una de sus amistades[31].

El 9 de septiembre de 1911 en Guayaquil, el periódico *El Ecuatoriano* informó: *"Se ha desocupado la Casa Presidencial en Quito; es decir, ha quedado limpia, sin muebles de ninguna clase: todo pasado a manos de la familia Alfaro; como que al salir de Palacio, tenía que llevarse el menaje que le costó su dinero. - Costumbre era esta del señor Alfaro: considerar como suyo lo que pertenece a la Nación"*. Más adelante, el periodista contrasta esto con lo sucedido años antes cuando subió el presidente García y el Gral. Plaza le había entregado decentemente la Casa Presidencial[32].

31 Carta de M. Bustamante, de fecha 18 de julio de 1911 al Gral. Leonidas Plaza Gutiérrez, Archivo Plaza en Zuleta.

32 Robalino Dávila (1969), op. cit., página 488.

Telephones: Main 1695, Auto. 7374
Cable Address
"THUR" CHICAGO
Codes, Western Union, A B C 5th Ed.

Advertisements Designed, Illustrated and Placed.
Estimates given for
DOMESTIC, BRITISH, COLONIAL
AND FOREIGN ADVERTISING

London (England) Agents
JOHN HADDON & CO., Central Advertising Offices, Salisbury Square, Fleet St., E. C.
Established 1814
Branches: Cairo, Capetown, Auckland, Melbourne, Sydney, Singapore, Calcutta, Buenos Aires, Toronto, Etc.

HEAD OFFICE: Teutonic Building,
172 WASHINGTON STREET,
CHICAGO, U. S. A.

Chicago, Julio 18 de 1911.

Sr. Gral Leonidas Plaza G.

New York City.

Mi querido General:

Muchisimo agrado me da al recibir su atenta carta de 16 del presente en la que me manifiesta que los niños debido al calor han estado enfermos, deploro esto, mis mejores deseos son que todos ya se encuentren en perfecta salud.

Yo les consideraba á U.U. con el excesivo calor, aqui también fué muy fuerte pero nó de muchos dias, ahora la temperatura está muy buena.

Siento que se vaya de este pais, puse le considero que estará ya cansado de estar aqui y es muy conveniente el cambio y el lugar elegido para su residencia me parece muy bueno, tanto por ser un gran pais y ya por estar cerca a los demas paises que de vez en cuando podrá hacer una visita á Francia, España etc.

Por los periodicos que he recibido del Ecuador me he informado que la politica está una cosa terrible, ya sabra del acontecimiento del asesinato á Emilio Terán por Luis Quirola, esto lo acabo de saber por mi hermana Rosa Elvira, me dice que no sabe todavia los detalles, tengo mucha curiosidad de saber este notable acontecimiento, á sabido U. ya ?

También en muchos de los periodicos he leido que le esperaban á U. en Guayaquil, aún anunciaban el dia de su llegada, como hablan lo que les da la gana, qué cosas de la Patria.

El Periodico el tiempo está haciendo una campaña para que renuncie el Sr. Estrada, francamente General mucha pena me da de nuestra pobre Patria, que nunca adelantará con cosas tan ruines de la Politica, yo tengo hecha mi resolución de no volver, más puedo hacer de afuera algo en bien de la Patria, ojalá pudiera algun dia que mis queridos papás salgan de allá y vengan á vivir á mi lado.

U. hace muy bien mi General de pensar de darles á sus hijitos una buena educación Universitaria, pues es el mejor capital que se les puede dejar.

Carta de M. Bustamante
al Gral. Plaza

La vida que yo llevo aqui mi General es de lo mas seria, pues U.comprende que los años le hacen á uno cambiar por completo,he cumplido los treinta y ya se piensa de otra manera y yo no desearia otra cosa que el poder encontrar una compañera que sea buena,esta vida de soltero ya me aburre y el fin del hombre es el de formar una familia honrada y asi vivir feliz. Pero U.sabe que en este pais este asunto es muy dificil,el caracter de las Americanas no son buenas para esposas,de ahi que creo yo entraré á formar la lista de los solterones á perpetuidad,

Mi mamá me comunica que pronto tendrá efecto el matrimonio de la Sta.Maria Lasso con el Ministro Chileno,tanto que mi mamá me preguntaba si U.con su familia irian al Ecuador para asistir al matrimonio.

Frutos es un hombre excesivamente ocupado,pero si creo puede darse tiempo á escribirles,el me ha dicho que U.U.no le han escrito por muchas semanas.

Desde ahora le deseo mi querido General un viaje muy feliz á todos,si U.gusta que le mande periodicos ya del Ecuador y Magazines de otros paises le remitiré a Londres;los periodicos del Ecuador los recibo todos los de Quito y Guayaquil,pues me dan la subscripción al año gratis por los anuncios que les remitimos y tendré verdadero placer en que U.me ocupe en algo que le pueda ser útil,cuente siempre con el afecto de un verdadero amigo.

Con afectuosos recuerdos para Avelina y los niñitos,Dr. Wither y Sra/le saluda su afectisimo amigo

M. Bustamante

No olvide de mandarme de Londres su dirección.

(Transcripción)

J. Roland Kay Co., American British Colonial, Advertising

Chicago, Julio 18 de 1911,
Sr. Gral Leonidas Plaza G.,
New York City,

Mi querido General:

Muchísimo agrado me da al recibir su atenta carta de 16 del presente en la que manifiesta que los niños debido al calor han estado enfermos, deploro esto, mis mejores deseos son que todos ya se encuentren en perfecta salud.

Yo les consideraba a ustedes con el excesivo calor, aquí también fue muy fuerte pero no de muchos días, ahora la temperatura está muy buena.

Siento que se vaya de este país, pues le considero que estará ya cansado de estar aquí y es muy conveniente el cambio y el lugar elegido para su residencia me parece muy bueno, tanto por ser un gran país y ya por estar cerca a los demás países que de vez en cuando podrá hacer una visita a Francia, España, etc.

Por los periódicos que he recibido del Ecuador me he informado que la política está una cosa terrible, ya sabrá del acontecimiento del asesinato a Emilio María Terán por Luis Quirola, esto lo acabo de saber por mi hermana Rosa Elvira, me dice que no sabe todavía los detalles, tengo mucha curiosidad de saber este notable acontecimiento, a sabido Usted ya?

También en muchos de los periódicos he leído que le esperaban a Usted en Guayaquil, aún anuncian el día de su llegada, como hablan lo que les da la gana, qué cosas de la Patria.

El Periódico el tiempo está haciendo una campaña para que renuncie el Señor Estrada, francamente General mucha pena me da de nuestra pobre Patria, que nunca adelantará con cosas tan ruines de la Política, yo tengo hecha mi resolución de no volver, más puedo hacer desde afuera algo en bien de la Patria, ojalá pudiera algún día que mis queridos papás salgan de allá y vengan a vivir a mi lado.

Usted hace muy bien mi General de pensar de darles a sus hijitos una buena educación Universitaria, pues es el mejor capital que se les puede dejar.

La vida que yo llevo aquí mi General es de lo más seria, pues Usted comprende que los años le hacen a uno cambiar por completo, he cumplido los treinta y ya se piensa de otra manera y yo no desearía otra cosa que el poder encontrar una compañera que sea buena, esta vida de soltero ya me aburre y el fin del hombre es el de formar una familia honrada y asi vivir feliz. Pero Usted sabe que en este país este asunto es muy difícil, el carácter de las Americanas no son buenas para esposas, de ahí que creo que yo entraré a formar la lista de los solterones a perpetuidad.

Mi mamá me comunica que pronto tendrá efecto el matrimonio de la Srta. María Lasso con el Ministro Chileno, tanto que mi mamá me pregunta si Usted con su familia irían al Ecuador para asistir al matrimonio.

Frutos es un hombre excesivamente ocupado, pero si creo pueda darse tiempo a escribirles, el me ha dicho que Ustedes no le han escrito por muchas semanas.

Desde ahora le deseo mi querido General un viaje muy feliz a todos, si Usted gusta que le mande periodicos ya del Ecuador y Magazines de otros países le remitirá a Londres; los periódicos del Ecuador los recibo todos los de Quito y Guayaquil, pues se dan la suscripción al año gratis por los anuncios que les remitimos y tendré verdadero placer en que Usted me ocupe en algo que le pueda ser útil, cuente siempre con el afecto de un verdadero amigo.

Con afectuosos recuerdos para Avelina y los niñitos, Dr. Wither y Sra, le saluda su afectísimo amigo.

(firmado) M. Bustamante

No olvide de mandarme de Londres su dirección.

EL GRAL. ALFARO Y SU FAMILIA PARTEN AL EXILIO

Consciente del peligro que corre el Gral. Alfaro en su trayecto desde la residencia del ministro chileno a la estación de tren en Chimbacalle[33] y ante la demora en extenderle el salvoconducto, el Gral. Plaza no dudó en facilitar la salida del Ecuador del Gral. Alfaro y su familia con destino Panamá. En él primó la solidaridad humanitaria por sobre la rivalidad política cuando decidió intervenir.

La primera etapa del viaje se cumplió el día 16 de septiembre con el traslado desde la legación chilena hasta Chimbacalle para abordar el tren expreso que partió de inmediato hacia la población de Durán, cercana a Guayaquil[34]. Aun poniendo en riesgo su propia vida, el Gral. Plaza acompañó al expresidente Alfaro y a su familia a lo largo del recorrido desde la residencia del ministro Eastman a la estación del ferrocarril en Chimbacalle. El entonces coronel Juan Francisco Navarro se unió al Gral. Plaza Gutiérrez en este periplo. El pueblo de Quito nuevamente se pronunció con insultos y amenazas en contra del Gral. Alfaro, pero la presencia del Gral. Plaza Gutiérrez, por el respeto que inspiraba, evitó que se llegara a mayores.

Previo al recorrido de la residencia del ministro chileno a Chimbacalle, el Gral. Plaza visitó al Gral. Alfaro en la residencia del ministro Eastman Cox el 15 de septiembre en horas de la tarde. Los dos personajes se reconciliaron. El intercambio

33 El ferrocarril había llegado a Quito en 1908.

34 Loor (1947), op. cit., página 909.

entre ellos se narra a continuación. El Gral. Alfaro le preguntó al Gral. Plaza: *"¿Cómo te podré pagar, Placita, este servicio?"*. A lo que Plaza respondió: *"No hable de eso, mi General, yo solo pienso en el tiempo en que usted me quiso"* [35]. Plaza organizó la partida al exilio de Alfaro y su familia, *"... contrariando la opinión pública, sin temer la cólera del pueblo, abusando de su inmenso prestigio, un día fue y sacó de la Legación de Chile al ex Magistrado y su familia ...* " [36].

Lo cierto es que el Gral. Alfaro logró abordar el tren y tuvo un gesto de amistad y agradecimiento hacia su ex subalterno, amigo, compañero de armas, importante artífice del éxito de la Revolución Liberal y verdadero reformador liberal del Estado ecuatoriano, el Gral. Leonidas Plaza Gutiérrez.

El Gral. Alfaro llegó a Durán el 17 de septiembre e inmediatamente abordó el barco caletero Chile que le esperaba para trasladarse a Panamá en compañía de su familia [37].

MUERTE DEL PRESIDENTE ESTRADA

El Gral. Plaza aprovechó su presencia en Quito para arreglar una serie de asuntos familiares pendientes y visitar familiares en Guayaquil y Bahía de Caráquez. El suegro del Gral. Plaza, José María Lasso Aguirre, había fallecido en julio de 1908 y la señora Avelina Lasso Ascásubi heredó una importante fortuna a la que no habían tenido acceso, peor control,

35 Loor (1947), op. cit., página 909.

36 Robalino Dávila (1969), op. cit., página 551.

37 Loor (1947), op. cit., página 910.

por su condición de exiliados. Estas actividades demoraron su retorno al seno de su familia, la cual permanecía en Nueva York por el reciente nacimiento de Elsa, la quinta hija del matrimonio Plaza Lasso.

El 1 de septiembre de 1911 recibió el mando del país el señor Emilio Estrada Carmona de manos del Encargado del Poder en su calidad de presidente del Senado, el señor Carlos Freile Zaldumbide.

La salud del presidente Estrada era delicada en extremo. Sufría una dolencia cardíaca que se agravaba por la altitud de Quito, lo cual le impedía permanecer largos períodos en la capital.

Sin embargo, Estrada inició su mandato con buenos auspicios nombrando un gabinete liberal radical compuesto por el señor Gral. Juan Francisco Navarro Nájera en la cartera de Guerra y Marina, el señor Gral. Leonidas Plaza Gutiérrez en la de Hacienda, sucedido por el señor J. Federico Intriago Navas[38], el señor Carlos Rendón Pérez en la de Instrucción Pública, el señor Octavio Díaz León en la de Gobierno y Obras Públicas y el señor Carlos R. Tobar Guarderas en la de Relaciones Exteriores[39].

A pesar de los cuidados, el 21 de diciembre de 1911, como consecuencia de su dolencia cardíaca, falleció el presi-

38 Los motivos para esta temprana renuncia serán abordados en el siguiente volumen de este libro.

39 es.wikipedia/wiki/Anexo:Gabinete_de_Emilio_Estrada (consultado en septiembre de 2022)

dente Estrada[40]. Asumió el poder, nuevamente de forma constitucional, el presidente del Senado, Carlos Freile Zaldumbide.

Era necesario convocar a elecciones para reemplazar al presidente fallecido. Un numeroso grupo de liberales radicales se adelantaron y postularon la candidatura del Gral. Leonidas Plaza Gutiérrez para la presidencia de la república.

LAS REVUELTAS DE DICIEMBRE DE 1911

El 22 de diciembre de 1911, al día siguiente de la muerte del presidente Estrada, en Esmeraldas, el Cnel. Carlos Otoya Ramos asaltó las oficinas de Aduanas y de Hacienda y se apropió de 18.000 sucres de estas instituciones. Esa suma estaba destinada a financiar la revolución que ese día inició con la declaración del coronel en favor de la jefatura suprema del Gral. Flavio Alfaro Santana, exiliado en Panamá[41].

Al conocerse en Quito esta sublevación, el gobierno del señor Freile Zaldumbide envió telegramas a las distintas guarniciones militares en todo el país; todas respondieron a favor del orden constitucional, incluyendo la Zona Militar de Guayaquil, bajo el mando del Gral. Pedro J. Montero[42].

El Gral. Flavio Alfaro no demoró su decisión y el sábado 23 de diciembre de 1911 organizó su regreso al Ecuador

40 Muñoz Borrero (1988) , op. cit. página 304.

41 Lamus G., Ramón. (1912). *Páginas de Verdad.* Quito: Imprenta y Encuadernación Nacionales, página 18.

42 Robalino Dávila (1969), op. cit., página 491.

desde Panamá. Para el 26 de diciembre, Flavio Alfaro se encontraba ya en Tumaco, el 28 de diciembre salió del Congal y el mismo día arribó a Limones en territorio ecuatoriano.

Para la expedición, el Gral. Flavio Alfaro contrató en Panamá al señor Ramón Lamus en calidad de secretario, quien se convirtió en excepcional testigo de los sucesos que narramos a continuación.

El Gral. Pedro J. Montero, entonces jefe militar de Guayaquil, intercambió comunicaciones con el Gral. Eloy Alfaro, radicado en Panamá, y decidió dar un golpe de Estado proclamándose jefe supremo con el propósito de entregarle el poder al Gral. Eloy Alfaro. Esto sucedió el 28 de diciembre de 1911.

Dos días después, el 30 de diciembre de 1911, Flavio Alfaro se enteró del golpe de Estado de Montero[43].

El gobierno de Carlos Freile Zaldumbide, como no cabía de otra manera, resolvió sofocar las dos revueltas e iniciar la preparación de un contingente armado con este objetivo. Para ello, designó al Gral. Plaza comandante en jefe del Ejército y este nombró en calidad de jefe de Estado Mayor al Gral. Julio Andrade. El Gral. Andrade fue cercano colaborador en la primera administración del Gral. Plaza, primero como gobernador del Azuay, luego como ministro de Instrucción Pública y luego en calidad de enviado especial y ministro plenipotenciario del Ecuador en Colombia.

---

43 Lamus G. (1912), op. cit., página 21.

Existió una sincera amistad entre Plaza y Andrade, como se desprende de la copiosa correspondencia que estos generales sostuvieron desde 1901 y que se prolongó incluso durante el primer exilio del Gral. Plaza cuando Andrade colaboraba ya para el segundo gobierno del Gral. Alfaro[44].

LAS BATALLAS DE HUIGRA, NARANJITO Y YAGUACHI

El 31 de diciembre de 1911, los generales Plaza y Andrade partieron de Quito a sofocar las revueltas. Paralelamente, rompiendo su compromiso escrito de no volver al Ecuador y no intervenir en política, el Gral. Alfaro acudió al llamado del Gral. Montero y arriba a Guayaquil el 4 de enero de 1912. Le siguió su hermano Medardo Alfaro, quien traía un contingente armado y armas adicionales para apoyar la revuelta de Montero.

El Gral. Flavio Alfaro llegó a Guayaquil invitado por el Gral. Pedro J. Montero el 5 de enero de 1912 a bordo del navío *Cotopaxi*. Accedió a unir sus tropas a las de Montero para, en conjunto, hacer frente a las fuerzas constitucionalistas que partieron de Quito. Lo hizo una vez que Pedro J. Montero y Eloy Alfaro le habían ofrecido la jefatura del Ejército Revolucionario. Es así como el 8 de enero de 1912, Flavio Alfaro fue nombrado jefe del Ejército y director supremo de la Guerra[45].

44 Esta correspondencia no la encontramos en el Archivo Plaza en Zuleta, pero está ampliamente detallada por Carlos de la Torre Reyes en su libro *La Espada sin Mancha*.

45 Robalino Dávila (1969), op. cit., página 501.

El Gral. Flavio Alfaro también había sido un fiel colaborador del Gral. Plaza en su primera administración. Lo hizo en calidad de ministro de Guerra y Marina.

El Gral. Alfaro, sabiendo que había roto su compromiso formal de permanecer fuera del territorio del Ecuador por un año, trató de simular que había regresado en calidad de mediador en el conflicto. Pero él mismo se descubrió, como demuestra la carta que escribió el domingo 7 de enero de 1912 al Cnel. Belisario Torres, quien ya se encontraba en Huigra al frente de las fuerzas revolucionarias con el fin de enfrentar al Ejército Constitucionalista, en la que le daba instrucciones de carácter militar frente a la inminencia de la guerra. Entre otras cosas, le aconsejó que viva siempre alerta porque el enemigo podía intentar alguna sorpresa; "*... debes estudiar bien el terreno ...*" porque una buena posición era clave para el triunfo; "*... no descuidar el servicio de espionaje ...*", del lado de Alausí; que vigilara los caminos del Azuay, "*... no sea caso que por allí vengan fuerzas contrarias ...*"[46].

Montero había despachado al Batallón Esmeraldas, bajo las órdenes del comandante José Saavedra, a reforzar a las tropas bajo el mando del Cnel. Torres. Era muy conocida la lealtad de este batallón a Flavio Alfaro[47].

El 11 de enero de 1912 se dio la batalla de Huigra, como se la conoce. Las fuerzas rebeldes de Montero, al mando del Cnel. Belisario Torres, fueron atacadas por hombres del Ejército Constitucional, al mando del Gral. Julio Andrade. El Gral. Plaza estaba al frente de otro contingente en Alausí.

46 Lamus G. (1912), op. cit., página 35.

47 Robalino Dávila (1969), op. cit., página 500.

Los rebeldes fueron derrotados, muchos de sus jefes tomados prisioneros, entre ellos su comandante, y se licenció a los soldados sobrevivientes, algunos de los cuales se unieron a las fuerzas constitucionales.

Cuando Flavio Alfaro llegó a Bucay con sus hombres para unirse a los comandados por el Cnel. Torres, se encontró con los soldados rebeldes derrotados y dispuestos a escapar de Huigra. Es entonces que el Gral. Flavio Alfaro decidió retirarse y agrupar fuerzas en las inmediaciones de Yaguachi.

Desde Huigra el 14 de enero de 1912, el Gral. Andrade envió un telegrama al presidente Freile Zaldumbide en el que le agradecía los términos de un telegrama de la noche anterior y, refiriéndose al Gral. Alfaro, seguramente con la adrenalina aún en niveles altos luego de la batalla de Huigra: "*... El viejo marrullero, por lo visto, morirá en la demanda, tanto peor para él. ...*"[48]

Los hombres de Plaza y Andrade siguieron su avance hacia Guayaquil para someter la revuelta. El día 14 de enero hubo un choque cerca de Naranjito con el resultado de que las mayores pérdidas afectaron a las fuerzas rebeldes.

El día 18 de enero de 1912, el grueso de las dos fuerzas se enfrentaron en Yaguachi en la que ha sido la mayor batalla librada en el Ecuador por el número de bajas que produjo. La derrota de los rebeldes fue total.

Cabe resaltar que el Gral. Plaza demostró tanto en Naranjito como en Yaguachi, además de su experiencia militar

48 Robalino Dávila (1969), op. cit., página 557.

y capacidad de mando, su atrevimiento en la guerra e indiscutible valentía.

La derrota en Yaguachi hizo que el Gral. Montero destituya a su sobrino Flavio[49] para luego otorgar el cargo al Gral. Alfaro.

Flavio Alfaro había caído herido en Yaguachi. Su jefe de Estado Mayor, el Cnel. Carlos Concha Torres, consiguió una canoa para llevarlo a Guayaquil junto a algunos de sus oficiales[50]. Ya en Guayaquil el 20 de enero, Flavio Alfaro se enteró del nombramiento de su tío como jefe del ejército y director supremo de la Guerra, por lo cual remitió una carta de renuncia al Gral. Montero. Este se excusó diciendo que el nuevo nombramiento era temporal en vista que Flavio Alfaro estaba herido y, hasta cierto punto, desaparecido[51].

En la tarde del 19 de enero de 1912, el comandante de las fuerzas rebeldes, Cnel. Belisario Torres, y sus compañeros, tomados prisioneros luego de su derrota en Huigra, fueron sorprendidos por una poblada hostil al pasar por la puerta de la Escuela de Artes y Oficios cuando eran conducidos al Panóptico de Quito. El Cnel. Torres fue mortalmente herido por un tiro que le impacta en la espalda. Fue trasladado a una casa de salud, donde falleció a la mañana siguiente[52]. Con posterioridad se determinó que el autor del disparo había sido un empleado del Molino Progreso, situado a orillas del Machángara. Este hecho constituyó un aviso de lo que podría

49 Robalino Dávila (1969), op. cit., página 507.

50 Robalino Dávila (1969), op. cit., página 540.

51 Robalino Dávila (1969), op. cit., página 507.

52 Robalino Dávila (1969), op. cit., páginas 543 y 544.

suceder con el resto de líderes de las revueltas de Montero y del Gral. Flavio Alfaro.

EL CONVENIO DE CAPITULACIÓN

Al Gral. Plaza se le presentó el dilema de si debía tomar Guayaquil por las armas o por una capitulación de los rebeldes.

La primera alternativa era incierta e implicaba más tiempo y derramar mucha sangre, en perjuicio de la población de la ciudad. Naturalmente optó por lo segundo por su forma de ser y por su pragmatismo. El crudo invierno que se desataba en esos momentos, las enfermedades tropicales que afectaban sus tropas esencialmente serranas, la fatiga tras larga marcha y tras tres cruentas batallas en ocho días y la dificultad de sortear el río para llegar a Guayaquil fueron decisivas para su determinación. Además, en esos momentos, los rebeldes tenían a su disposición los navíos *Cotopaxi* y *Libertador Bolívar* surcando el río Guayas.

El 19 de enero de 1912, en su calidad de comandante en jefe del Ejército, el Gral. Plaza envió un comunicado al Gral. Montero solicitando la rendición de Guayaquil,

> "... *para que no continúe derramándose inútilmente la sangre de nuestros compatriotas ... La suerte de armas le ha sido a Ud. adversa y es tiempo de que cese una guerra fratricida, provocada en hora desgraciada y sin bandera política. Si Ud. no hace entrega de esa plaza, será el único responsable de todos los resultados que*

puedan traer las operaciones militares que, sin pérdida de un momento, continúo para obtener la completa pacificación de la República" [53].

Al día siguiente, el Gral. Montero aceptó entregar Guayaquil e iniciar negociaciones de los términos de rendición aprovechando los "... benévolos oficios del Cuerpo Consular, ... con el objeto de librar a la ciudad de Guayaquil de los horrores de la guerra." [54]

Mientras tanto, un grupo de habitantes de Guayaquil decidió atacar a las fuerzas rebeldes y se tomaron la escolta que custodiaba la cárcel de la ciudad; pero al tratar de apoderarse de los cuarteles, fueron rechazados por los soldados insurrectos.

LA DISCORDIA EN TORNO AL ACUERDO DE BASES DE PAZ

En estas circunstancias se inició un intercambio de telegramas entre el Gral. Plaza Gutiérrez y el Gral. Andrade desde su cuartel general en Durán con el señor Carlos Freile Zaldumbide, su secretario y algunos de sus ministros en Quito.

En una primera instancia, el gobierno del presidente Freile Zaldumbide estuvo de acuerdo en que se concediera una amnistía a los jefes rebeldes, pero la presión de la opinión pública, indignada por las acciones de los Alfaro, hizo que

53 Robalino Dávila (1969), op. cit., página 544.

54 Robalino Dávila (1969), op. cit., página 545.

cambiara de parecer. Congresistas, políticos, militares, prensa y diversas manifestaciones populares no hacían sino exigir que los jefes rebeldes fueran juzgados y condenados por sus actos que tanta muerte y destrucción que habían causado. El resto del Acuerdo de bases de paz fue aceptado por unos y otros.

La comunicación vía telegráfica se interrumpió del 19 al 22 de enero de 1912, por lo que muchos telegramas de Quito a Durán y Guayaquil y viceversa no llegaron oportunamente[55]. La firma del Acuerdo de bases de paz debía darse en la noche del 21 de enero, pero tuvo lugar el día 22 de enero de 1912, antes de medio día, en la población de Durán.

Allí se reunieron los generales Montero y Plaza, en presencia de los señores cónsules generales de Su Majestad Británica y de los Estados Unidos de América destacados en Guayaquil, en calidad de testigos y garantes del fiel cumplimiento de las dos partes de lo estipulado en el acuerdo[56].

El día anterior a la firma, el presidente Freile Zaldumbide le insistía al Gral. Plaza vía telegráfica que *"...sería una vergüenza para Uds. y el Gobierno conceder garantías a los traidores que han ensangrentado la República"*[57]. El argumento del gobierno era que si se les permitía salir del país, en breve "los traidores" armarían una nueva revuelta.

Responde el mismo día de la firma del acuerdo el Gral. Plaza al presidente Freile Zaldumbide para explicar el por qué de las bases de paz, en especial las garantías que concedió a los cabecillas, en los siguientes términos:

---

55 Lamus G. (1912), op. cit., página 132.

56 Archivo Plaza en Zuleta.

57 Lamus G. (1912), op. cit., página 148.

Los Señores General Don Leonidas Plaza G., General en Jefe del Ejército, y General Don Pedro J. Montero, Jefe Supremo del Gobierno seccional, con el propósito de evitar la continuación de la guerra civil y su consiguiente derramamiento de sangre ecuatoriana, han acordado, bajo su palabra de honor, las siguientes bases de paz, á saber.

Primera.- El Gobierno Constitucional de la República del Ecuador concederá amplias garantías á las personas civiles y militares que por cualquier motivo directo ó indirecto, hayan tomado parte en el movimiento político del veintiocho de diciembre de mil novecientos once. Se exceptuarán las personas civiles ó militares que hubieren incurrido en responsabilidad penal, por delitos comunes.

Segunda.- Se verificará previamente el licenciamiento de las tropas de Guayaquil; proveyéndose por el Gobierno de Quito, inmediatamente después, á su traslación al lugar de su procedencia ú hogares. Podrán quedar en el Ejército los que voluntariamente quisieran hacerlo así. Al licenciamiento de las tropas de Guayaquil precederá el acuartelamiento armado del Cuerpo de Bomberos, que deberá atender á la seguridad de la población.

Tercera.- El General Comandante en Jefe del Ejército designará el Jefe á quien encomiende provisionalmente la Jefatura Militar de la Tercera Zona.

Cuarta.- Habiendo sido nombrado Gobernador de la Provincia del Guayas el Señor Don Carlos B. Rosales, será él quien desempeñará esa Gobernación.

Quinta.- El Señor General Pedro J. Montero ordenará la cesación de hostilidades en todos los lugares de la República donde hubiera fuerzas en armas bajo su dependencia, y comunicará estas bases de paz á Esmeraldas, recomendando su aceptación.

L. Plaza G. Pedro J. Montero

Acuerdo de bases de paz

Sexta.- La cesación de hostilidades comprenderá la entrega de todo elemento bélico existente en Guayaquil; entrega que se efectuará dentro de tres días y en cuya escrupulosa exactitud se interesará el muy honorable Cuerpo Consular de Guayaquil. El Señor General Montero ordenará igual entrega en los demás lugares de su jurisdicción.

Séptima.- Después de cumplida la última cláusula, ó sea la base sexta, en cuanto ella se refiere á los elementos bélicos existentes en Guayaquil, el Gobierno Constitucional de Quito ordenará la libertad inmediata de todos los presos políticos, así como también de todos los prisioneros.

Octava.- Los Generales Don Leonidas Plaza G. y Don Pedro J. Montero hacen constar aquí su agradecimiento á los Consules de los Estados Unidos de Norte América y de la Gran Bretaña, Señores Don Herman Dietrich y Don Alfred Cartwright, respectivamente, por sus buenos oficios en este arreglo decoroso de paz, obligándose á su cumplimiento ante ellos mismos, con quienes lo suscriben por cuadruplicado en el Cantón de Guayaquil, á veintidós de enero de mil novecientos doce.

Plaza G. Pedro J. Montero

Testigos: Herman R. Dietrich, Consul General of the United States of America

Alfred Cartwright, Consul de Su Majestad Británica

Los Señores General Don Leonidas Plaza G., General en Jefe del Ejército, y General Don Pedro J. Montero, Jefe Supremo del Gobierno seccional, con el propósito de evitar la continuación de la guerra civil y su consiguiente derramamiento de sangre ecuatoriana, han acordado, bajo su palabra de honor, las siguientes bases de paz, a saber.

Primera.- El Gobierno Constitucional de la República del Ecuador concederá amplias garantías a las personas civiles y militares que por cualquier motivo directo o indirecto, hayan tomado parte en el movimiento político del veintiocho de diciembre de mil novecientos once. Se exceptuarán las personas civiles o militares que hubieren incurrido en responsabilidad penal, por delitos comunes.

Segunda.- Se verificará previamente el licenciamiento de las tropas de Guayaquil; proveyéndose por el Gobierno de Quito, inmediatamente después, a su traslación al lugar de su procedencia u hogares. Podrán quedar en el Ejército los que voluntariamente quisieran hacerlo así. Al licenciamiento de las tropas de Guayaquil precederá el acuartelamiento armado del Cuerpo de Bomberos, que deberá atender a la seguridad de la población.

Tercera.- El General Comandante en Jefe del Ejército designará el Jefe a quien encomiende la Jefatura Militar de la Tercera Zona.

Cuarta.- Habiendo sido nombrado Gobernador de la Provincia del Guayas el Señor Carlos B. Rosales, será él quien desempeñará esa Gobernación.

Quinta.- El Señor General Pedro J. Montero ordenará la cesación de hostilidades en todos los lugares de la República donde hubiera fuerzas en armas bajo su dependencia, y comunicará estas bases de paz a Esmeraldas, recomendando su aceptación.

(firmado Leonidas Plaza G y Pedro J. Montero; al margen, en calidad de testigos firman Dietrich y Cartwright en sus calidades de

Consul General de los Estados Unidos de América y de Su Majestad Británica, respectivamente)

Sexta.- La cesación de hostilidades comprenderá la entrega de todo elemento belico existente en Guayaquil; entrega que se efectuará dentro de tres días y en cuya escrupulosa exactitud se interesará el muy honorable Cuerpo Consular de Guayaquil. El Señor General Montero ordenará igual entrega en los demás lugares de su jurisdicción.

Séptima.- Después de cumplida la última cláusula, o sea la base sexta, en cuanto a ella se refiere a los elementos bélicos existentes en Guayaquil, el Gobierno Constitucional de Quito ordenará la libertad inmediata de todos los presos políticos, así como también de todos los prisioneros.

Octava.- Los Generales Don Leonidas Plaza G. y Don Pedro J. Montero hacen constar aquí su agradecimiento a los Consules de los Estados Unidos de Norte América y de la Gran Bretaña, Señores Don Herman Dioetrich y Don Alfred Cartwright, respectivamente, por sus buenos oficios en este arreglo decoroso de paz, obligándose a su cumplimiento ante ellos mismos, con quienes lo suscriben por cuadruplicado en el Cantón de Guayaquil, a veintidos de enero de mil novecientos doce.

(firman: Leonidas Plaza G., Pedro J. Montero y en calidad de testigos: Herman R. Dietrich Consul General of the United States of America y Alfred Cartwright Consul de Su Majestad Británica)

"Si el ataque a Guayaquil nos diera por resultado la captura de los cabecillas, lo habríamos hecho sin pérdida de minuto y seguros de triunfar sin grandes dificultades. Pero como estamos convencidos de que no será posible capturar a los traidores, porque tienen el vapor Chile y los buques nacionales Libertador Bolívar y Cotopaxi listos para embarcarse con sus familias, a las que tienen ya a bordo, hemos resuelto economizar la preciosa sangre de nuestros soldados.

En cuanto a que sea vergonzoso obtener la entrega de Guayaquil por capitulación, acepto esa vergüenza y desde ahora aseguro que esta página será la mejor que legue a mis hijos.

Exento de ambiciones y hombre sin pretensiones ni vanidades, prefiero los modestos triunfos pacíficos a los ruidosos y sangrientos. Mi espíritu está enfermo. La sangre derramada en Huigra, Naranjito y Yaguachi es sangre de nuestros hermanos y no puedo ser impasible ante semejante calamidad.

Todavía tenemos 400 cadáveres insepultos en Yaguachi. ¿Se quiere más sangre? Que venga otro a derramarla."[58]

Esta comunicación muestra el noble espíritu, el humanismo y el carácter del general Leonidas Plaza Gutiérrez. Hay que remarcar que al término de la batalla de Yaguachi el Gral. Plaza decía que los cabecillas debían ser juzgados y

---

58 Robalino Dávila (1969), op. cit., página 547. El subrayado es del autor.

condenados de conformidad con la ley. Concluida la batalla, calmado el espíritu, los generales Plaza y Andrade sostuvieron que era necesario permitir que los jefes rebeldes pudieran salir del país, a causa del peligro que sus vidas corrían dentro del Ecuador.

En la misma tarde del día 22 de enero de 1912 en que se firmó el acuerdo, los hombres de Montero iniciaron la entrega de sus armas y fueron licenciados para que retornasen a sus hogares o se uniesen al ejército regular.

Solo un puñado de hombres de las fuerzas rebeldes de Flavio Alfaro presentaron alguna resistencia al ingreso a Guayaquil de las tropas del Ejército Constitucional. Es de suponer que el Gral. Flavio Alfaro no estuvo al tanto de la capitulación en esos momentos y es probable que el Gral. Flavio Alfaro hubiera, incluso, perdido contacto con su tropa. Recordemos que había sido herido en la batalla de Yaguachi y estaba escondido en Guayaquil.

DISCREPANCIAS ENTRE PLAZA Y EL GOBIERNO DE FREILE ZALDUMBIDE

Firmado el Acuerdo de las bases de paz entre los generales Plaza y Montero continúa el cruce de telegramas entre Plaza y el presidente Carlos Freile Zaldumbide y sus ministros respecto a si el primero estaba facultado o no para suscribir una capitulación en tales términos y luego a discutir cómo se debía proceder con los jefes de las revueltas y dónde debían ser procesados.

Es la opinión de este autor que cuando un comandante en jefe de un ejército encuentra una salida para ganar una guerra o incluso una batalla, sin que demande más recursos y con menos sangre y mortandad, es lógico pensar que se encuentra facultado para llegar a una capitulación del enemigo, sin que sea requisito la previa autorización de sus autoridades. Esto era lo que pensaban el Gral. Plaza, comandante en jefe, y el Gral. Andrade, jefe de Estado Mayor de las fuerzas constitucionales.

La realidad es que, gracias al acuerdo, cesó la guerra, ya no hubo más muertos y heridos de lado y lado, y el Estado podía dedicar sus escasos recursos en mejores obras para el bien de la ciudadanía, en lugar de utilizarlo en una prolongada, cruenta e inútil guerra civil.

La misión del Gral. Plaza fue la de sofocar las dos revueltas. Con el acuerdo se logró cumplir con esto en menos tiempo, a menor costo y con menos muertos y heridos.

El primer artículo del acuerdo dice lo siguiente:

> *"El Gobierno Constitucional de la República del Ecuador concederá amplias garantías a las personas civiles y militares que, por cualquier motivo directo o indirecto, hayan tomado parte en el movimiento político del 28 de diciembre de mil novecientos once. Se exceptuarán las personas civiles y militares que hubieren incurrido en responsabilidad penal, por delitos comunes"*[59].

---

59 Robalino Dávila. (1969), op. cit., página 547 y 548 y como se muestra en el documento inserto.

No cabe en esta obra analizar la actuación y grado de responsabilidad de los actores de la revuelta del 28 de diciembre de 1911 en Guayaquil o de la revuelta del 22 de diciembre de 1911 en Esmeraldas, que pocos días después de firmado el acuerdo morirían a manos de turbas exaltadas en Guayaquil y en Quito.

Para el autor de esta obra, el Acuerdo de bases de paz suscrito el 22 de enero entre Plaza y Montero era legítimo y debió ser respetado. Lamentablemente, la presión social hizo que el gobierno de Freile Zaldumbide desconozca la validez del convenio y ordene el traslado de los presos a Quito.

La intención es demostrar documentadamente que el Gral. Leonidas Plaza Gutiérrez y el Gral. Julio Andrade Rodríguez hicieron todo lo posible porque se respete el acuerdo y puedan los líderes de la revuelta retornar a sus hogares dentro o fuera del país.

Hay que registrar que, en ese momento, la pena de muerte había sido abolida de la legislación ecuatoriana[60]. Sin embargo, muchos ciudadanos querían que los cabecillas de la revuelta fueran condenados a la muerte; veían como insuficiente cualquier alternativa.

Asimismo, es importante recordar lo que ya hemos narrado en detalle acerca de la actuación del Gral. Plaza el 16 de septiembre de 1911, quien enfrentó al gobierno[61], al congreso y a la opinión pública para hacer posible el viaje al exilio del

60 La pena de muerte fue abolida en Ecuador a partir de la Constitución de 1906.

61 Ya se encontraba posesionado en la Presidencia de la República el señor Emilio Estrada Carmona.

Gral. Alfaro y su familia desde la legación chilena hasta la Estación de Chimbacalle, para tomar el tren a Durán y embarcarse rumbo a Panamá, como efectivamente sucedió[62].

Desde inicios de enero de 1912 la prensa atacó duramente a los jefes rebeldes. Estas agresiones arreciaron desde que se conoció la aplastante victoria del Ejército Constitucional en Yaguachi. Desde el gobierno se hacían declaraciones en contra de Alfaro y sus aliados y estas eran publicadas. Se organizaron marchas por el triunfo del Ejército Constitucional y para condenar a los causantes de esta guerra. Se publicaron listas de los "traidores", encabezadas por los generales Eloy Alfaro, Flavio E. Alfaro, Medardo Alfaro, Pedro J. Montero, Ulpiano Páez; les seguían, entre trece nombres de coroneles, los de Belisario V. Torres, Luciano Coral, Carlos Concha y Olmedo Alfaro, seguidos de treinta y dos tenientes coroneles y unos cuantos sargentos mayores[63].

¿QUÉ HACER CON LOS JEFES REBELDES?

Las tropas del Ejército Constitucional ingresaron a Guayaquil a partir de la tarde del día 22 de enero de 1912.

Desde el 18 de enero, luego de conocido el parte de su comandante en jefe, se multiplicaron las felicitaciones. Por la importancia de su contenido, nos permitimos reproducir el parte a continuación:

62 Robalino Dávila (1969), op. cit., página 551.

63 Robalino Dávila (1969), op. cit., página 559.

CIRCULAR GENERAL

Yaguachi, 18 de enero de 1912

Señor Presidente de la República y Ministros, Gobernadores y Jefes de Zona.

Una victoria espléndida es la que se ofrece hoy a la Nación y al Gobierno que la representa el Ejército Constitucional que tengo el honor de comandar. Sangre ecuatoriana se ha derramado a torrentes, nuestros Batallones han sido diezmados especialmente en la clase de Jefes y Oficiales. El Coronel Mancheno, el Comandante Darquea, el Mayor Merizalde y Mayor Flor, han rendido su vida en defensa de la Constitución. Los Comandantes Andrades, del Pichincha y Constitución, los Mayores Hidalgo, Gamarra, Jiménez, Ullauri, Ballesteros, Rivadeneira y otros, cuyos nombres se me escapan por el momento y más de cincuenta Oficiales están heridos más o menos de gravedad. Muertos y heridos de la clase de tropa pasan de doscientos.

Todo el mundo ha cumplido con su deber. Felicito a la Nación por tan espléndida victoria, que seguramente, pondrá fin a esta guerra fratricida.

Los traidores deben ser castigados de acuerdo con la Ley.

Leonidas Plaza Gutiérrez,

General en Jefe del Ejército [64]

64 Lamus G. (1912), op. cit., página 126 inserto.

En este momento, terminado el fragor de la batalla, el Gral. Plaza, luego de reconocer los méritos de sus hombres y honrar a los muertos y heridos, pidió castigo para los rebeldes; acto seguido, fiel a sus convicciones, aclaró que el castigo debía darse respetando la ley vigente. En ese momento seguramente no avizoraba la alternativa de una conclusión pacífica de la guerra.

Los telegramas del gobierno del doctor Freile Zaldumbide, unos suscritos por él, otros por él y todo su gabinete, otros firmados por alguno de sus ministros, otros por políticos de renombre, no se hicieron esperar ese día 18 de enero de 1912. Unos ensalzaban al pueblo de Guayaquil y al Ejército Constitucional, otros solicitaban no dejar escapar a los responsables de la traición, todos daban por terminada la cruenta guerra y todos felicitaban al Gral. Plaza[65].

El día 20 de enero de 1912, el Gral. Plaza anunció al presidente y sus ministros, mediante telegrama, que la noche anterior había recibido en Durán a una delegación proveniente de Guayaquil compuesta por los señores cónsules de Inglaterra, Estados Unidos y Argentina y de los señores Carlos Benjamín Rosales, Eduardo Game y Sixto Durán Ballén. Manifestó el Gral. Plaza que, si bien estaba convencido de que los rebeldes no podían librar una batalla más, ha

> *"… convenido en ofrecerles la paz, siempre y cuando entreguen la plaza de Guayaquil y se comprometan los cabecillas a ausentarse del país por un tiempo prudencial hasta que se organice la República y se asegure una paz estable. Un sentimiento de humanidad, y más que eso, una*

65 Lamus G. (1912), op. cit., página 121 y siguientes.

razón de patriotismo me obligó a este paso, para salvar a Guayaquil de las consecuencias que ustedes deben adivinar y que las sufrió Yaguachi, a pesar de nuestros esfuerzos "[66].

En otro telegrama fechado el mismo día anunció a sus partidarios que estaba negociando la toma de Guayaquil de manera pacífica.

Al día siguiente, en otro telegrama dirigido a otros partidarios y amigos en general, Plaza anunció que había ofrecido la paz a los vencidos porque creía que su principal obligación era economizar sangre ecuatoriana. Confiaba en que la nación entera aprobaría esta conducta y que sus amigos, destinatarios del telegrama, se encargarían de justificarla[67].

El mismo 21 de enero de 1912, el Gral. Plaza envió un telegrama al presidente Freile Zaldumbide en el que manifestaba:

> "*... el triunfo lo debe al valor y abnegación del Ejército y a la colaboración de los beneméritos Jefes que vienen a mis órdenes y muy especialmente a los esfuerzos y valor del Sr. General Andrade. En el combate de Yaguachi también tomó parte activa y de manera valerosa el Sr. General Treviño, a quien deben Ud. y el señor Ministro de la Guerra una cumplida felicitación.*" [68]

El Gral. Plaza envió un nuevo telegrama al presidente Freile Zaldumbide que contenía un memorándum relativo al procedimiento e instrucciones a observar para la firma del

66 Lamus G. (1912), op. cit., página 135.

67 Lamus G. (1912), op. cit., página 136 y 137.

68 Lamus G. (1912), op. cit., página 138.

acuerdo de capitulación, que incluía el texto y las modificaciones que el Gral. Plaza creía necesarias. Este convenio debía firmarse ese mismo día, domingo 21 de enero de 1912 [69].

El día 22 de enero de 1912, el Gral. Plaza remitió otro telegrama al presidente Freile Zaldumbide y a su gabinete de ministros con el texto final del convenio de capitulación. Este acuerdo fue firmado antes del mediodía y en la tarde la ciudad debía ser entregada a las fuerzas constitucionales, como efectivamente sucedió.

Lamentablemente, el Gral. Eloy Alfaro suspendió el proceso de entrega de armas el mismo 22 de enero en horas de la tarde. Nada más el Batallón Tulcán entregó parcialmente sus armas. Nunca se sabrá a ciencia cierta qué motivó al Gral. Eloy Alfaro a tomar la decisión de suspender la entrega de las armas de todas las fuerzas revolucionarias. Cabe señalar que tanto el vapor *Chile* como el navío *Cotopaxi*, en la tarde de ese día, estaban ya ocupados por las familias de los jefes rebeldes para partir al exilio.

Hay dos versiones respecto a esta interrupción en la entrega de la ciudad de Guayaquil. La una dice que el Gral. Eloy Alfaro, al enterarse de que el Batallón Esmeraldas, fuerza rebelde fiel al Gral. Flavio Alfaro, se había rehusado a entregar las armas sin la orden de su comandante en jefe, decidió suspender la entrega de las armas de las fuerzas leales a él por su propia seguridad. Temía que las fuerzas leales a Flavio Alfaro atentasen contra su vida. La otra versión es que quien demoró el proceso fue el Gral. Montero, ya que esperaba recibir unos "fondos" de manos de un alto oficial de su confianza[70].

69 Lamus G. (1912), op. cit., página 140 y 141.

70 Lamus G. (1912), op. cit., página 145.

Aceptemos la primera versión porque viene del Gral. Plaza; la segunda es ofensiva al Gral. Montero.

El presidente Freile Zaldumbide en su nombre y el de su gabinete envió un telegrama a los generales Plaza y Andrade fechado el 21 de enero, en el que les dice que sería una vergüenza para los destinatarios *"conceder garantías a los traidores"* [71]. En otro telegrama del mismo día, esta vez dirigido exclusivamente al Gral. Plaza, manifestó Freile Zaldumbide que el gobierno había prohibido que se dé asilo a los cabecillas en el vapor *Yorktown* de bandera norteamericana[72].

Hasta tanto, en Quito esa misma noche tuvo lugar una manifestación de respaldo a la posición del gobierno, en el sentido de que la Patria no debía ni podía mostrarse clemente con los responsables de la insurrección del 28 de diciembre de 1911.

La respuesta del Gral. Plaza al telegrama del presidente Freile Zaldumbide que desconocía la validez del acuerdo de capitulación no se hizo esperar. El día 22 de enero de 1912 insistió:

> *"... hemos resuelto economizar la preciosa sangre ecuatoriana de nuestros soldados. Por otra parte, sería criminal exponer a Guayaquil a las consecuencias que sufrió Yaguachi. En cuanto a que sea vergonzoso obtener la entrega de Guayaquil por capitulación, acepto esa vergüenza y desde ahora les aseguro que ésta página será la mejor que legue a mis hijos. Exento de ambiciones y hombre sin pretensiones ni vanidades, prefiero los*

71 Lamus G. (1912), op. cit., página 148.

72 Lamus G. (1912), op. cit., página 149.

modestos triunfos pacíficos a los ruidosos y sangrientos. … ¿Se quiere más sangre? Que venga otro a derramarla." [73]

Repetimos en esta sección un extracto del telegrama ya citado, porque es muy esclarecedor en cuanto al talante del Gral. Plaza.

El presidente Freile Zaldumbide respondió al Gral. Plaza:

"… la Nación clama por la sanción a los traidores, … nosotros por moralidad política y por los intereses de la República procuremos extirpar de una vez para siempre el elemento sedicioso empleando los medios indicados por la ley. No podemos desear más sangre ni nunca le hemos deseado, ni se ha derramado por nuestra culpa y si empeño hemos puesto en el castigo de los traidores y criminales ha sido, precisamente, para ahorrar, en un futuro inmediato, nuevas horrorosas hecatombes." [74]

No se encuentran razones que expliquen el que los jefes rebeldes no hayan emprendido la fuga. Tenían a su disposición el vapor *Chile* y los buques *Cotopaxi* y *Libertador Simón Bolívar*. Incluso, como ya mencionamos, miembros de sus familias ya se encontraban en esos navíos listos para zarpar.

A las 5 de la tarde del día 22 de enero de 1912, fiel a su devoción por la verdad, el Gral. Plaza envía un telegrama al presidente encargado informando que el pueblo de Guayaquil se ocupó de desarmar a las fuerzas rebeldes, que habían sido capturados los generales Eloy Alfaro y Ulpiano Páez y

73 Lamus G. (1912), op. cit., página 152.

74 Lamus G. (1912), op. cit., página 153.

que se buscaba al Gral. Pedro J. Montero. Informaba también que el señor Enrique Gallardo había asumido el cargo de intendente de policía y que los demás nombramientos los haría el gobernador del Guayas, el señor Carlos Benjamín Rosales. Cuatro horas más tarde, Plaza anunció que el Gral. Montero "cayó prisionero" [75].

Fue el pueblo de Guayaquil quien ubicó y capturó a los generales rebeldes. No obstante, ante el riesgo que corrían sus vidas, fue el Gral. Plaza quien ordenó recluirlos en el cuartel donde se encontraba alojado el Batallón Marañón. Esta orden no fue obedecida y, en su lugar, los presos fueron conducidos a la gobernación. Quien escoltó a los jefes rebeldes y ordenó su traslado a la gobernación fue el Gral. Julio Andrade [76].

El día 22 de enero de 1912 el gobierno emitió órdenes al Gral. Plaza y al gobernador del Guayas para que los presos quienes, recordemos, al momento eran los generales Eloy Alfaro, Ulpiano Páez y Pedro J. Montero, fueran remitidos a Quito. Además, en un telegrama al Gral. Plaza, el gobierno le conminó a no dejar en libertad a ningún preso que haya sido capturado por el pueblo de Guayaquil [77].

Lo cierto es que el gobierno de Freile Zaldumbide estaba presto a aprobar el acuerdo de capitulación, pero un par de telegramas no oficiales y el del Gral. Plaza llegan al gobierno con el anuncio de que el pueblo guayaquileño había desar-

75 Lamus G. (1912), op. cit., página 156.

76 Falconi Pérez, Cecilia (compiladora). (2017). *General Julio Andrade, Paz, Consuelo, Victoria.* Quito: Editorial El Conejo, página 59.

77 Lamus G. (1912), op. cit., página 160.

mado a las tropas rebeldes y capturado a los cabecillas. El telegrama autorizando a Plaza la firma del acuerdo nunca fue despachado. Del mismo modo, la presión de la gente, dentro y fuera del gabinete, hizo que el presidente Freile Zaldumbide dé pie atrás en su intención de respetar el acuerdo.

PRESIÓN DEL GOBIERNO Y DE LA POBLACIÓN AL GRAL. PLAZA

El 23 de enero de 1912 el Gral. Plaza dirigió un telegrama al presidente Freile Zaldumbide y a su gabinete en el que les dice:

> *"... pueblo (de Guayaquil) está enfurecido y quiere matar a los prisioneros. Yo no puedo aceptar ninguna responsabilidad al respecto ni por mi buen nombre, ni por el honor del Ejército. Los prisioneros creen que llevarlos a Quito equivale a asesinarlos y yo creo como ellos. Ustedes deben meditar bien esta situación porque si se repite un crimen como el de Quirola* [78]*, la mancha que caería, sobre ustedes y el país, sería indeleble. Por otra parte, el juzgamiento debe hacerse aquí. Los Cónsules están indignados y se creen burlados. Pido serenidad al señor Presidente y que se respete mi firma puesta al fin de la Capitulación.- Dentro de breves ratos sale el Cotopaxi para Machala; Ycaza se fue a su Gobernación en Los Ríos; y el Libertador está alistándose para ir a Manabí con fuerzas. Firma L. Plaza G"* [79].

78 El Gral. Plaza desconocía en ese momento la trágica muerte del Cnel. Belisario V. Torres.

79 Lamus G. (1912), op. cit., página 165.

El Gral. Andrade envió, a las 4 am del día 23 de enero de 1912, un telegrama al ministro de Guerra, Gral. Juan Francisco Navarro, en el cual expresaba que, en su opinión, se debía cumplir el acuerdo porque había que evitar reclamos diplomáticos; de lo contrario, constituiría una ofensa a los cónsules de Gran Bretaña y Estados Unidos y, además, podía ocurrir un atentado en contra de los presos. Es muy claro que la posición del Gral. Andrade en este asunto coincidía totalmente con la del Gral. Plaza.

La respuesta del Gral. Juan Francisco Navarro en la que justificaba la posición del gobierno no se hizo esperar. Manifestó en su telegrama del mismo 23 de enero al Gral. Andrade que el acuerdo no se perfeccionó debido a la "*... actitud que supo asumir el noble pueblo de Guayaquil. ...*" [80]. En otras palabras, que Guayaquil fue recuperado por el pueblo guayaquileño y no como consecuencia del cumplimiento del acuerdo. Que los señores cónsules son agentes comerciales y no representan a sus gobiernos políticamente. Que el gobierno no autorizó la capitulación y, en su lugar, ordenó la toma militar de Guayaquil. Por último, le pide que cumpla con la orden de juzgar a los rebeldes conforme a las leyes.

Similares argumentos y otros adicionales encontramos en un extenso telegrama que le dirigió el presidente Freile Zaldumbide al Gral. Leonidas Plaza Gutiérrez el día 23 de enero de 1912. Para el presidente Freile Zaldumbide la capitulación no tenía valor alguno porque no se encontraba entre las atribuciones legales del general en jefe suscribirla, porque había sido rechazada por el gobierno y porque

80 Lamus G. (1912), op. cit., página 167.

Guayaquil fue tomada por el "heroico pueblo de Guayaquil" [81] y ese puerto no fue entregado por los rebeldes. Por otro lado, argumenta:

> " ...*los intereses nacionales, la justicia social, el pueblo entero exigen y piden el castigo de las personas que, solo llevadas por su ambición, cometieron crímenes de traición y rebelión a mano armada contra el orden constituido. Si el Gobierno tuviera la debilidad de consentir en la salida de los cabecillas de la República habría perdido el apoyo de la opinión pública, puesto en peligro la paz futura de la Nación, pues el pueblo con esta conducta no se prestaría a dar su sangre nuevamente y se sentaría un precedente funestísimo, como es la impunidad de los grandes criminales de la Patria.*" [82]

Le ordenaba que los prisioneros fueran trasladados a la Capital para ser juzgados de acuerdo con las leyes. Le recordaba que las leyes contemplan indultos, pero en este caso no podían ser concedidos a los apresados por el pueblo de Guayaquil. El telegrama asentaba también que no le incumbían al Gral. Plaza las cuestiones que pudieran suscitar con el cuerpo consular, asuntos que serían tratados por el ministro de Relaciones Exteriores. Terminó su comunicado ordenando nuevamente al Gral. Plaza la entrega inmediata de los cabecillas en Quito, "... *con las seguridades debidas*" [83].

81 Lamus G. (1912), op. cit., página 169.

82 Lamus G. (1912), op. cit., páginas 169-170.

83 Lamus G. (1912), op. cit., página 170.

Luis Felipe Borja, hijo,[84] le envió un telegrama al Gral. Andrade en esa misma fecha en el que le advertía que el país entero: "... *execrará ... todo acto contribuya salgan impunes República traidores y perjuros que han causado tantos daños Nación.*"[85] Le rogaba también:

> "... *por su prestigio y popularidad impida semejante atentado.- Pactos General Plaza no comprometen fe nacional.- Celebráronse contra orden Gobierno, desaprobolos éste, no llegaron a perfeccionarse.- Brillante actitud usted en campos de Huigra quedaría borrada con acto suyo cualquiera encaminado impunidad malhechores.- Trátase paz y porvenir República comprometidos por inexplicables condescendencias.- Soy su amigo y por eso háblole la verdad.- firma L. F. Borja (hijo)*"[86].

El Gral. Plaza es el destinatario de dos telegramas fechados el 23 de enero de 1912, dirigido el uno por "sus amigos y compatriotas" en el que le decían:

84 Connotado abogado liberal, hijo de otro del mismo nombre. Ambos se llamaban Luis Felipe Borja Pérez, por lo que era necesario, para distinguirlos, referirse a Luis Felipe Borja Pérez padre o hijo.

85 Lamus G. (1912), op. cit., página 171.

86 Lamus G. (1912), op. cit., página 170.

"... es absolutamente imposible la libertad de Eloy Alfaro ni sus cómplices por ninguna causa, so pena de la ruina de la Patria.- La opinión es completamente unánime de que presos sean juzgados y sentenciados con estricta sujeción a las leyes. Proyecto de libertad ha causado gran exitación que puede traer funestísimas consecuencias." [87]

El otro, dirigido por el "comicio popular" reunido en casa del Encargado del Poder Ejecutivo, que revelaba al Gral. Plaza y al Gral. Andrade:

"La sola lectura de los telegramas de ustedes al Gobierno, ha causado profunda indignación en las masas populares, que piden a grito herido la sanción legal para los traidores y el cumplimiento inmediato de la orden del Gobierno para que sean remitidos a esta Capital."[88]

El primer telegrama fue suscrito por más de 60 "amigos y compatriotas"; el segundo, por más de 260 personas. Plaza respondió el mismo día al primer telegrama indicando, a los "amigos y compatriotas" en los siguientes términos:

"No comprendo la indignación de los ciudadanos de esa Capital, por el hecho de haber expresado honradamente mi opinión respecto al cumplimiento de una capitulación que se imponía entonces, para terminar esta guerra rápidamente, evitando así que nuestro bravo ejército fuera diezmado por la fiebre amarilla que grasa en estas comarcas. Como no nací para verdugo, mañana mismo declinaré el mando del ejército, para que venga a reem-

87 Lamus G. (1912), op. cit., página 173.

88 Lamus G. (1912), op. cit., página 172 y 173.

plazarme quien se atreva a llevar a estos desgraciados generales a esa Capital, con el propósito de que corran la misma suerte que el infortunado Quirola[89]*. Llevando los prisioneros a Quito se va a infringir la Constitución, que ordena no distraer a los delincuentes de sus Jueces naturales. Firma L. Plaza G"*[90].

El ministro de lo Interior, Octavio Díaz, autorizó el envío de un telegrama firmado por muchas personas en Quito, dirigido a los jefes, oficiales e individuos de tropa del Batallón Marañón conminándoles cumplan con: "*... el anhelo del pueblo de que los traidores Alfaro, Montero, Páez y demás, sean remitidos (a Quito) a recibir enérgica ejemplar sanción de justicia y honor de la República....* "[91]

Un grupo de damas enviaron otro telegrama a los generales Plaza y Andrade exigiendo no liberar a "los criminales" [92].

El Comité Electoral Leonidas Plaza G., el 23 de enero de 1912, envió felicitación al Gral. Plaza, al ejército y al heroico pueblo guayaquileño, por los inmarcesibles laureles que habían conquistado dignamente. Este es uno de los pocos telegramas que recibió el Gral. Plaza respaldando su posición.

El ministro de la Guerra, general Juan Francisco Navarro, partió por tren a Guayaquil esa misma tarde con la instruc-

89 Se puede observar que el Gral. Plaza aún no conocía la suerte del Cnel. Belisario Torres.

90 Lamus G. (1912), op. cit., página 176.

91 Lamus G. (1912), op. cit., página 177.

92 Lamus G. (1912), op. cit., página 179.

ción de hacer obedecer las órdenes del gobierno a los generales Plaza y Andrade.

En Quito se desarrolló una manifestación de viudas, huérfanos y más deudos de las víctimas de la cruenta guerra civil librada en las semanas precedentes.

Hasta tanto, en Guayaquil, el Gral. Plaza insistió una vez más al presidente Freile Zaldumbide y a su gabinete en que se cumpla con el Acuerdo de bases de la capitulación en honor a los cónsules que actuaron de testigos. Manifestó que los jefes rebeldes debían comprometerse a no regresar al país durante cuatro años y que, antes de embarcarlos al exilio, se esperaría la entrega de todas las plazas rebeldes y de los elementos bélicos que tenían en ellas. Les pedía meditar bien el asunto[93].

Los cónsules Alfred Cartwright de Su Majestad Británica y Herman R. Dietrich de los Estados Unidos de América dirigieron en la misma fecha una carta al señor Carlos Benjamín Rosales, apenas nombrado gobernador de la Provincia del Guayas. En ella claramente manifestaban que por información del Gral. Plaza conocían que hay la intención de conducir en calidad de presos a Quito a los generales Eloy y Flavio Alfaro y Pedro Montero y no cumplir con el punto primero del convenio. Hacen notar que si el Gral. Montero no había cumplido con la entrega de armas y cuarteles fue consecuencia de la inesperada intervención del pueblo armado. Pedían que esta nota fuera comunicada al gobierno nacional.

---

93 Lamus G. (1912), op. cit., página 183.

Efectivamente, el pueblo de Guayaquil, al enterarse de que las fuerzas de Montero estaban derrotadas, salió a las calles, asaltó una estación de bomberos, tomó las armas que allí encontró y pretendió asaltar uno de los cuarteles de las fuerzas revoltosas sin éxito; todo esto el mismo día de la firma del Acuerdo de las bases de paz.

El gobernador de la Provincia del Guayas, Carlos Benjamín Rosales, emitió una proclama a sus conciudadanos pidiendo que todos regresen a sus hogares confiados en que "*... la ley dicte su sanción desapasionada y justiciera sobre los causantes del drama de dolor que acaba de pasar.*" [94] Pedía que se restableciera el orden y la tranquilidad.

Es que en ese día el pueblo de Guayaquil había intentado hacerse de los presos en varias ocasiones. En todas se encontraron con el Gral. Plaza, quien impidió, aun a riesgo de su propia vida, que esto sucediera. En más de una ocasión tuvo que improvisar arengas para calmar los ánimos de los ciudadanos que clamaban por el ajusticiamiento de los jefes rebeldes.

Los gobernadores de algunas provincias y diversos grupos de ciudadanos inundaron al gobierno de Freile Zaldumbide y al Gral. Plaza con telegramas desde el 23 al 25 de enero de 1912. Todos exigían que se castigue de manera ejemplar a los jefes rebeldes.

Entre estos telegramas se encuentra uno fechado el 24 de enero de 1912 que el señor Juan Benigno Vela le dirigió al Gral. Plaza desde Ambato. En él denunciaba que los conser-

---

94 Lamus G. (1912), op. cit., página 191.

vadores estaban azuzando a la población en contra del Gral. Plaza por ser el único que trataba que los jefes rebeldes burlen la acción de la justicia. Le advirtió al Gral. Plaza en los siguientes términos:

> *"... Su situación es delicadísima, corre peligro su inmenso prestigio y sería para lamentar que después de haberse coronado usted con tantas glorias, tenga la Patria una nueva calamidad, separándole a usted del escenario político.- Sus deberes de capitán victorioso y su generosidad para con los vencidos están ya satisfechos, pues deje, por lo mismo, que caiga sobre ellos la sanción de la ley. No le faltará a usted ocasión de ejercer con ellos más generosidad y nobleza."* [95]

No tardó en responder el Gral. Plaza a su amigo Juan Benigno Vela. El mismo día le contestó vía telegráfica así:

> *"Confirmo mi telegrama de ayer. Dejemos que los ambiciosos e intrigantes hagan su labor. Yo no deseo sino reposo, vida independiente y aislamiento completo en La Ciénega.*[96] *Daría diez años de mi vida, si de esta campaña me resultara un medio decoroso para eludir mi candidatura. Abrazo a usted y a todos los amigos de esa noble ciudad.- L. Plaza G".*[97]

95 Lamus G. (1912), op. cit., página 203.

96 La Ciénega era el nombre de una propiedad agrícola que había heredado la señora Avelina Lasso de Plaza, pocos años antes, a raíz de la muerte de su padre José María Lasso Aguirre.

97 Lamus G. (1912), op. cit., página 204.

No faltaron en esos días los editoriales en la prensa del país. Unos llegaron a lamentarse que los jefes rebeldes no hubiesen sido ya pasados por las armas en el mismo campo de batalla.

A la vista de todos estos hechos podemos preguntarnos si se trató de un complot en contra de la posición del Gral. Plaza, en el que convergieron desde el gobierno de turno, la prensa, los conservadores, la Iglesia, numerosos liberales. En nuestra opinión, creemos que se trató de un movimiento de masas hastiadas y ahora horrorizadas por la carnicería que produjo la guerra provocada por las revueltas de diciembre de 1911. El gobierno no hizo sino ceder ante esta demanda de que los líderes de las revueltas sean castigados.

El 24 de enero de 1912, el Gral. Julio Andrade se dirigió al presidente encargado y al ministro de Guerra, nada menos que en su calidad de jefe de Estado Mayor General. Por su contenido y trascendencia incluimos íntegramente su comunicación:

Guayaquil, enero 24 de 1912

Señor Presidente y Ministro de Guerra.

Nuestra entrada en Guayaquil sin disparar un tiro tuvo como antecedente principal el compromiso que se firmó la víspera en Durán y que los generales prisioneros se disponían a ejecutar por su parte, de buena fe, según de ello hay pruebas manifiestas. En el incidente del pequeño tiroteo entre el pueblo y el Batallón Esmeraldas, que obedecía al Gral. Flavio Alfaro, exclusivamente, nada tuvieron que ver los dichos generales. Esta es la verdad y esta debe ser tenida en cuenta por usted. De otro lado, es evidente de toda evidencia que, sin el compromiso, los generales no entregaban la plaza, no disolvían su Ejército, el pueblo se cruzaba de brazos impotente y nos veíamos nosotros en las condiciones militares más desventajosas para continuar la campaña y obrar sobre Guayaquil con acción inmediata. A ningún Ejército del mundo se le podía exigir más de lo que el nuestro había dado. Tres combates en una semana y después del de Yaguachi la postración fue evidente. Estense ustedes seguros: ese Ejército no resistía una campaña de ocho días más y habría sido indispensable perder el terreno ganado, retrogradar a Alausí y Riobamba para establecer nuestros cuarteles de invierno. Todas estas circunstancias debieron forzosamente ser apreciadas por el enemigo y mi impresión íntima, absoluta, es que si no obstante ellas se llamaron a partido fue porque en verdad consideraron ya inútil y desprovista de todo objeto la contienda. Los argumentos jurídicos que allí se aducen revisten, sin la menor duda, su importancia, pero sin destruir estos otros. La civilización actual requiere, además, que el derecho de gentes tenga aplicación en las guerras intestinas y aún desde este punto de vista la exposición o compromiso firmado en el pleno uso de sus atribuciones por el Comandante en Jefe del Ejército en operaciones frente al enemigo, debe ser respetada. Revistámonos todos de serenidad, estudiando la situación, descartándola, si es posible, de las extremas exigencias del medio ambiente y depositemos nuestra confianza en quienes la merezcan, como soldados y hombres discretos. Servidor. Firmado: Jefe de Estado Mayor General (Gral. Julio Andrade).[98]

El contenido de este telegrama se hizo público en Quito después de la tragedia del 28 de enero de 1912 por reclamo

98 Lamus G. (1912), op. cit., página 215 y siguientes. El subrayado es del autor.

del remitente y el Gral. Plaza de que personas del gobierno de Freile Zaldumbide lo habían mantenido en reserva.

Con la misma tónica de la del telegrama anterior, el Gral. Plaza arremetió el 24 de enero nuevamente contra el gobierno. Se comunicó con el presidente Freile Zaldumbide en los siguientes términos:

Guayaquil, 24 de enero de 1912

Señor Presidente de la República.

No quiero entrar en discusiones respecto a las facultades del General en Jefe del Ejército porque sería inconducente y no llegaría al resultado que me propongo, pero sí quiero dejar constancia de hechos que debe conocer la Historia: el General Montero tenía fuerzas en Guayaquil para dar otra batalla tan sangrienta como la de Yaguachi y sin embargo no vaciló en aceptar las condiciones que le impuse y que constan en la capitulación que se firmó; que la facción flavista obstaculizó los arreglos con fines siniestros contra sus compañeros y especialmente contra los Generales Eloy Alfaro y Pedro Montero, quienes salvaron por el hecho de haber entregado las armas del Tulcán a los bomberos que los defendieron del machete de los esmeraldeños; que los Generales Eloy Alfaro y Pedro Montero pudieron escapar el día anterior y no lo hicieron para evitar que el flavismo se apoderara de la situación y para cumplir las estipulaciones de la capitulación; que momentos después que ocupó la plaza, el señor General Eloy Alfaro dio aviso al Gobernador del lugar en que se encontraba, habiendo yo enviado el Batallón Guardia de Honor para conducirlo al lugar donde ahora se halla. Todo esto es verídico y debe tenerse en cuenta por el Gobierno.- Acabo de saber que viene el general Navarro a esta plaza y me alegro que tal cosa suceda, para que sea él quien viole una capitulación que yo firmé con conocimiento perfecto de causa y convencido de que hacía un gran servicio al País y al Ejército. Como la campaña ha terminado con la entrega de las provincias de Esmeraldas, El Oro y Los Ríos, y que no cabe duda que Manabí se someterá tan luego como podamos comunicaros con las autoridades, declino el mando de Jefe del Ejército porque quiero aprovechar la salida del vapor Chile para irme a New York a reunirme con mi familia. Firma L. Plaza G." [99]

Este telegrama fue redactado por el Gral. Plaza en presencia del general Eloy Alfaro y demás presos.

¿Cuándo conoció el Gral. Plaza el desbande del Batallón Vencedores y del Regimiento de Artillería Sucre del lado de los rebeldes? Es algo sobre lo que podemos especular; pero por los hechos es evidente y hay pruebas de que estas defecciones se dieron el mismo día de la firma de la capitulación. En otras palabras, el Gral. Plaza Gutiérrez firma el acuerdo de las bases de paz en las condiciones pactadas el día anterior.

Cuando el pueblo de Guayaquil se enteró de los lugares donde se encontraban los generales Eloy Alfaro y Pedro Montero, trató de apresarlos con el fin de ajusticiarlos. Fue entonces que el Gral. Plaza Gutiérrez destacó al Batallón Guardia de Honor con la orden de conducir a los generales rebeldes al cuartel ocupado por el Batallón Marañón.

99 Lamus G. (1912), op. cit., página 219. El subrayado es del autor.

El cambio de destino de los jefes rebeldes fue impartido por el Gral. Julio Andrade; llegaron a la gobernación, protegidos y defendidos por él mismo, de las agresiones del pueblo.

La noticia de que el Gral. Plaza había decidido embarcarse y abandonar el país se difundió en Guayaquil y llegó a Quito insinuando que había sido depuesto de su cargo por el ministro de Guerra y que ya había partido rumbo a Nueva York. Noticia evidentemente falsa.

El Gral. Plaza se mantenía firme, acompañando a los generales rebeldes en todo momento desde el día 23 de enero de 1912. Incluso compartía las comidas con ellos. En varias ocasiones tuvo que intervenir dispersando grupos de personas exaltadas que los querían agredir. Tuvo hasta que recurrir a arengas y hasta a empuñar su revólver con este objeto.[100]

En las últimas horas del 24 de enero de 1912 hizo su arribo a la ciudad de Guayaquil el ministro de Guerra, el Gral. Juan Francisco Navarro. Asumió el mando del Ejército y de la plaza de Guayaquil y tomó a los presos bajo su jurisdicción.

El 24 de enero de 1912 contestó el presidente encargado Freile Zaldumbide al comandante en jefe del Ejército Gral. Plaza la pregunta que este le hiciera el día anterior en los siguientes términos:

> *"Lo ocurrido con los prisioneros de Huigra, es falso. El Sr. General Navarro relatará a usted los hechos."* [101] Lacónico telegrama con una verdad a medias. El texto del telegrama enviado el 23 de enero por el Gral. Plaza al presidente

100 Robalino Dávila (1969), op. cit., página 626.

101 Lamus G. (1912), op. cit., página 226.

> Freile Zaldumbide es el siguiente: *"Aquí se dice que los que rindieron las armas en Huigra y fueron llevados a esa Capital, han sido vejados y dos de ellos asesinados a vista y paciencia del Gobierno. Sírvase usted decirme lo que haya de verdad en este asunto."* [102]

En la misma fecha, en otro telegrama, el presidente Freile Zaldumbide no acepta la renuncia del Gral. Plaza: *"... el Gobierno reconoce la importancia de sus servicios militares que han cooperado eficazmente al restablecimiento del orden constitucional y por esto, el Poder Ejecutivo no puede ni debe aceptar su separación del ejército constitucional.- firmado Carlos Freile Z."* [103]

Curiosamente, el último telegrama que remitió el gobierno al Gral. Plaza tiene fecha 26 de enero de 1912 y está suscrito por el ministro de Hacienda, encargado de la Cartera de Guerra.

El 24 de enero de 1912 el Gral. Plaza envía un telegrama al Dr. Gonzalo S. Córdova que dice:

> *"Los conservadores dizque están explotando la capitulación de Guayaquil para llevar agua a su molino. No los dejen en esa labor jesuítica. Hágales saber que los prisioneros a quienes ellos tanto temieron, están bien seguros y que irán a Quito, tal y como lo ha ordenado el Gobierno. La justicia cumplirá con su deber.- firmado L. Plaza G."* [104]

102 Lamus G. (1912), op. cit., página 166.

103 Lamus G. (1912), op. cit., página 226.

104 Lamus G. (1912), op. cit., página 227.

Fue recién en este momento cuando el Gral. Plaza cedió ante tantas presiones para que remita a los cabecillas a Quito.

EL FATÍDICO 25 DE ENERO DE 1912

El 25 de enero de 1912, el presidente Freile Zaldumbide dirigió al Gral. Navarro un telegrama en el que le pide tomar las debidas precauciones para que *"... los presos no sufran ningún vejamen ni hostilidad del pueblo, menos que se atente contra su vida."* [105]. Le solicitaba que agilice el trámite de juzgamiento reconociendo al fin que debían ser juzgados en Guayaquil. Indicaba que, concluido el juicio, los presos debían ser trasladados a Quito para el cumplimiento de su condena. Parece que este telegrama no llegó oportunamente a manos del Gral. Navarro, según propias declaraciones.

A la 1 pm de ese día, el Gral. Navarro avisó al presidente Freile Zaldumbide que se había formado el Consejo de Guerra e indicó los nombres de quienes lo componían. Informó que estaban reunidos en los salones de la gobernación y que habían resuelto iniciar el proceso en contra del Gral. Pedro J. Montero *"... por ser este el mayor responsable de los rebeldes, visto el cargo de honor y de confianza que ejercía cuando se alzó en armas contra la Constitución."* [106]

Para esa hora ya había estallado el polvorín del Cuartel de Artillería. La noticia de esta explosión, que mató a algunas

105 Lamus G. (1912), op. cit., página 230.

106 El General Pedro J. Montero era el jefe militar de Guayaquil el 28 de diciembre de 1911. Lamus G. (1912), op. cit., página 231.

personas, se regó por Guayaquil con una versión que no ayudó en nada a los presos. Se decía que el estallido fue consecuencia de bombas que los rebeldes colocaron en el cuartel por orden del Gral. Montero luego de suscrito el Acuerdo de bases de paz con el objeto de atentar contra la vida de los soldados del Ejército Constitucional que en breve ocuparían dicho cuartel. Lo cierto es que un desaprensivo ciudadano ingresó al polvorín del cuartel con cigarrillo encendido en mano. Este accidente causó cinco muertos y al menos doce heridos, muchos de gravedad[107].

La explosión contribuyó a exaltar aún más los ánimos de la población guayaquileña en contra de Montero y el resto de jefes rebeldes.

El proceso en contra del Gral. Montero concluyó esa misma noche y el Consejo de Guerra, presidido por el Cnel. Alejandro Sierra, lo sentenció a 16 años de presidio y a degradación pública a eso de las 8:30 pm. Esta sentencia no fue del agrado de la turba que se encontraba expectante del resultado del juicio en los bajos de la gobernación. Según el Gral. Navarro en un telegrama puesto cerca de las 10 pm

107 En el archivo de Zuleta encontramos un extenso escrito, titulado La Tragedia de 1912, de autor desconocido (no aparecen las últimas páginas) que narra lo sucedido en los tristes días de enero del indicado año. Entre otros sucesos, describe al detalle la explosión que se produjo cerca de medio día del 25 de enero de 1912 en el cuartel del Regimiento Sucre, que se encontraba en la calle Santa Rosa entre las calles Clemente Ballén y 10 de Agosto. Esta explosión se atribuye a la irresponsabilidad de una persona, que ingresó fumando un cigarrillo al polvorín del mencionado cuartel.

el mismo 25 de enero de 1912[108], un grupo de más de tres mil personas, al escuchar la sentencia, atropelló a los soldados y al Consejo de Guerra, asesinó al Gral. Montero y arrojó su cuerpo a la calle. El pueblo "*... ensañándose en sus despojos, arrastran por las calles.*"[109]

En el telegrama de Navarro aparece también lo que sigue: "*Hemos expuesto inútilmente nuestras vidas por salvar a los presos y el Sr. Gral. Plaza, sin moverse del lado de los presos, ha agotado heroicos esfuerzos por salvarles la vida. ... me preocupo de ver cómo salvo la vida de los otros presos. Firmado Ministro de Guerra J. F. Navarro*"[110] .

Más tarde el Gral. Navarro informó al presidente encargado y a sus ministros que había resuelto embarcar en tren al resto de presos y enviarlos a Quito, ya que la situación en Guayaquil era insostenible, en especial porque creía que la furia popular terminaría acabando con la vida de los jefes rebeldes.

Es importante hacer notar que el edificio de la gobernación, donde se había desarrollado el juicio en contra del malogrado Gral. Pedro J. Montero y donde se encontraban los otros líderes presos, no ofrecía ninguna seguridad para ellos ni para quienes los estaban custodiando y protegiendo.

Cerca de la medianoche del 25 de enero de 1912, Navarro indicó al presidente Freile Zaldumbide y a su gabinete que había ordenado el traslado de los presos a Quito en el próximo tren y bajo la custodia del Cnel. Alejandro Sierra y del

108 Lamus G. (1912), op. cit., página 232.

109 Lamus G. (1912), op. cit., página 232.

110 Lamus G. (1912), op. cit., página 232.

Batallón Marañón, a su mando. Poco antes en otro telegrama, Navarro informaba al ministro de Guerra encargado, señor Federico J. Intriago, que había designado como jefe militar de Guayaquil al general Delfín Treviño en reemplazo del Cnel. Alejandro Sierra *"... hombre honorable capaz de conducir a Quito a los traidores ... "*. [111] En consonancia con el acuerdo de bases de paz, los presos debían haber sido trasladados a los barcos que se encontraban en Guayaquil, prestos para llevarlos al exterior, como pretendía el Gral. Plaza; en ese caso, no se habría producido el horrendo asesinato que se cometió tres días después.

Entre las 4 y 5 de la mañana del día siguiente, el 26 de enero de 1912, informa el Gral. Navarro al presidente Freile: *"... el pueblo regresó a situarse frente a la Gobernación, en busca de los demás presos. Se ha enterado de que ya no están en la Gobernación y se oyen gritos reclamándoles. Insisto en creer que si no se los hubiera despachado de aquí habríamos tenido otra hecatombe. Saludo.- Firmado Ministro de Guerra J. F. Navarro"* [112] .

Horas antes, Juan Francisco Navarro, mientras se desarrollaba el juicio contra el Gral. Montero, informaba a Freile Zaldumbide y a sus ministros que el mismo 25 de enero de 1912 había llegado a Guayaquil en un vapor inglés el Gral. Medardo Alfaro con 112 hombres armados y con pertrechos para la revuelta. En realidad, Medardo Alfaro había sido reducido la noche del 24 de enero por el comandante Juan Manuel Lasso y trasladado donde se encontraba el resto de jefes rebeldes presos. El Gral. Serrano fue captu-

111 Lamus G. (1912), op. cit., página 236.

112 Lamus G. (1912), op. cit., página 237.

rado en la mañana del 25 de enero de 1912[113]. El Gral. Navarro agregó: *"También hice conducir a la misma localidad a Flavio Alfaro, quien al entrar ha manifestado que Eloy y Montero son sus más irreconciliables enemigos."* Este telegrama termina con una frase que llama la atención: *"Soy enemigo de ser elemento de discordias, pero me gusta sean cumplidas las órdenes del Gobierno."* [114] Esta frase claramente nos dice que el Gral. Navarro se encontró con la resistencia de los generales Plaza y Andrade que insistían en garantizar la seguridad de los presos, pero se impuso para que las órdenes del gobierno sean cumplidas.

El Gral. Plaza tuvo que escoltar personalmente al Gral. Flavio Alfaro desde el lugar donde fue capturado hasta la gobernación para protegerle de la turba que pretendió darle muerte a lo largo de este trayecto.

AL ENCUENTRO CON LA MUERTE

Los jefes rebeldes partieron de Durán rumbo a Quito en tren expreso en la madrugada del día 26 de enero de 1912, custodiados por el Batallón Marañón al mando del Cnel. Alejandro Sierra. A las 2 pm de este día, el presidente Freile Zaldumbide, en un telegrama despachado a Huigra, le pidió al Cnel. Sierra que ordenara detener el tren en Huigra hasta recibir la orden del Gral. Navarro de volver a Guayaquil. A las 6 pm, Sierra respondió indicando al presidente que

113 Loor (1947), op. cit., página 959.

114 Lamus G., op. cit., página 238.

llevaba a los generales Eloy, Medardo y Flavio Alfaro, Manuel Serrano, Ulpiano Páez y al Cnel. Luciano Coral. Media hora después, el presidente repitió la orden de detener el tren en Huigra hasta recibir nuevas órdenes del ministro de Guerra para retornar a Guayaquil. Aclaró que así exigía la necesidad de asegurar a los prisioneros contra los ataques populares. Dejó asentado que temía, además, que los prisioneros se dieran a la fuga.

Obviamente, Sierra estaba desconcertado. En un mismo día había recibido la orden del ministro de Guerra de llevar a los prisioneros a Quito para salvarlos de la furia del pueblo de Guayaquil y, apenas unas horas después, recibía el pedido del presidente de la República de detener la marcha a la espera de la orden para retornar a Guayaquil y así salvar a los presos de la furia de los habitantes de Quito y de las ciudades por las que tenía que atravesar el ferrocarril. Ante tal escenario confuso, el Cnel. Sierra decide avanzar hasta Alausí y no detenerse en Huigra.

El Cnel. Carlos Andrade, hermano del Gral. Julio Andrade, se había embarcado en el tren que llevaba a los presos en Huigra.

Es aquí que entra otro importante actor en el drama. Se trata de la tropa del Batallón Marañón que no deseaba otra cosa que regresar a Quito, a sus hogares. Los mismos coroneles Sierra y Andrade temían que, por cumplir con el anhelo de regresar a Quito, la tropa que custodiaba a los presos se sublevara y volviera contra ellos y hasta los asesinara. El Batallón Marañón estaba compuesto por tropas provenientes de la serranía ecuatoriana poco acostumbradas al riguroso clima de invierno en el litoral. Fue uno de los batallones que más bajas sufrió en esta guerra. La decisión de enviar a los presos a Quito custodiados por este cuerpo obedeció a la presión de sus soldados por regresar a esa ciudad.

A las ocho y media de la mañana del día 27 de enero, los coroneles Sierra y Andrade, ya en Alausí, se comunicaron con el presidente Freile Zaldumbide y el ministro de Guerra encargado Federico J. Intriago para advertirles que mantener el tren detenido en ese lugar se había tornado peligroso porque el pueblo de los alrededores y la tropa que custodiaba a los presos ya conocían la intención de regresar a Guayaquil. Para evitar que la tensión escalara, pedían la autorización para continuar el viaje a Quito.

A la espera de nuevas órdenes, se decidió que otro tren partiera desde Latacunga en dirección a Alausí con tropas frescas para regresar a los presos a Guayaquil y dejar que el Batallón Marañón siguiera su ruta a Quito. Esto no pudo cumplirse por falta de combustible: una situación sorprendente que, además, da lugar a pensar que, sin este impedimento, el epílogo de este viaje, quizá, no habría sido tan desgraciado y atroz como fue.

Una hora después, a las nueve y media de la mañana, el presidente Freile Zaldumbide y el ministro Federico J. Intriago autorizaron continuar el viaje a Quito, no obstante, dejaron en claro que era responsabilidad de los coroneles entregar a los presos sanos y salvos en el Panóptico. A las diez y media de la mañana, en respuesta a la autorización, los coroneles anunciaron al presidente y al ministro que el tren reanudaría la marcha hacia Quito a medio día.

El mismo día 27, el Gral. Plaza había puesto un telegrama al ministro de Guerra J. Federico Intriago en el que indicaba que tanto el Gral. Navarro como él mismo estaban sorprendidos con las instrucciones emanadas de Quito de que regresen los presos a Guayaquil. Manifestaba que el Cnel. Sierra y el Batallón Marañón estaban conscientes de que debían defender a los presos aun a costa de sus propias vidas. Se lamentaba de que ninguno de los telegramas remitidos por él en los últimos tres días al presidente y su gabinete hubiera merecido respuesta, "*... Ni siquiera han acusado recibo de aquel en que les comuniqué el trágico fin de Montero. Hoy salgo para Manabí en donde el enemigo está cometiendo horrores. No llevo fuerzas porque creo que la opinión pública los dispersará apenas nos acerquemos.*"[115]

El día 27 de enero de 1912, antes de mediodía, el Gral. Plaza zarpó de Guayaquil a bordo del crucero *Cotopaxi* rumbo a Manta. Iba acompañado por unos pocos jóvenes azuayos que habían llegado a Guayaquil con el fin de respaldar al régimen constitucional y unos cien hombres desarmados del Batallón Manabí, los vencidos en Yaguachi, que deseaban retornar a sus hogares.

Tal era el prestigio del Gral. Plaza que, en efecto, con el solo hecho de su llegada a Manta, sofocó la revuelta y la provincia de Manabí recobró la paz y la cordura.

Todo esto consiguió a pesar de que, desde su salida de Guayaquil, se hallaba muy enfermo a tal punto que su estado inspiró preocupación y cuidados, pues incluso se temía un resultado fatal.[116]

115 Lamus G. (1912), op. cit., página 251.

116 Lamus G. (1912), op. cit., página 254.

Antes de su partida hacia Manta, el Gral. Plaza envió un telegrama al señor arzobispo de Quito, Mons. Federico González Suárez. Decía así:

Guayaquil, 26 de enero de 1912

Señor Arzobispo.

Apelo a sus sentimientos humanitarios y cristianos para que emplee su influencia en favor de los prisioneros de guerra que son conducidos a Quito. Vele usted por la vida de estos señores, a fin de que la justicia cumpla con su deber. Un acto de sangre y de violencia sería un escándalo ante el mundo que nos exhibiría muy tristemente. Apelo a usted, apelo a la Junta Patriótica, apelo al Noble Pueblo de Quito, para que todos reunidos cuiden a los prisioneros y contengan la ira popular que es inconsciente. La tragedia de ayer tiene consternada la ciudad y hasta el pueblo que la consumó, está arrepentido y avergonzado. Deme respuesta tranquilizadora. Soy del Ilustrísimo Señor. Firmado L. Plaza G." [117]

Este telegrama fue transmitido desde Guayaquil, el día 27 de enero, alrededor del mediodía. Le llegó a monseñor Federico González Suárez en la mañana del 28 de enero de 1912. Para medio día, el prelado tenía redactada la respuesta que anunciaba a Plaza que los presos habían ingresado al Panóptico sanos y salvos, respuesta que nunca se envió, porque una o dos horas más tarde se produjo uno de los más repudiables crímenes cometidos en Quito.

117 Lamus G. (1912), op. cit., página 255.

UN CRIMEN QUE NUNCA DEBIÓ SUCEDER

De nada sirvió la tibia súplica que el arzobispo hizo al pueblo católico de la ciudad de Quito mediante hoja volante que fue distribuida a partir de las 10 de la mañana en las calles de la urbe el mismo día del cruel asesinato.

Decía esa súplica:

SÚPLICA

Ruego y suplico encarecidamente a todos los moradores de esta católica ciudad, que se abstengan de hacer contra los presos demostración ninguna hostil: condúzcanse para con ellos con sentimientos de caridad cristiana. Lo ruego, lo suplico en nombre de Nuestro Señor Jesucristo.

Federico

Arzobispo de Quito

Quito, 28 de enero de 1912

Le decía el arzobispo de Quito al Gral. Plaza en un telegrama del 29 de enero de 1912: "*... No es posible que usted pueda siquiera imaginar la escena de ayer, lo menos unas cinco mil personas, a quienes nadie podía contener. La fuerza militar fue arrollada y el Panóptico invadido.*"[118]

118 Lamus G. (1912), op. cit., página 257.

El pueblo atacó e invadió el Panóptico, asesinó uno a uno a los seis jefes rebeldes y se ensañó con sus despojos vejando y arrastrándolos por las calles de Quito. Los cadáveres de las víctimas fueron incinerados en una pira en El Ejido, en lo que en verdad fue una hoguera bárbara[119]. Una escena imposible de imaginar, pero fue una realidad y pesa aún en la conciencia de los quiteños, incluso en quienes nacimos medio siglo después de sucedida.

El prelado sabía que los jefes rebeldes estaban por llegar a Quito, conocía el estado de excitación en que se encontraba la ciudadanía en general. Es como para lamentarse que no haya salido a las calles exhibiendo al Santísimo o algún otro símbolo eclesiástico para calmar los ánimos y, quizá, evitar el asesinato que se veía venir. La autoridad del arzobispo de Quito era inmensa ante el pueblo mayoritariamente católico y muy respetuoso de la Iglesia.

Gonzalo Ortiz Crespo, en un ensayo publicado con ocasión del centenario de la muerte de Alfaro y sus compañeros [120] comprueba que en el asesinato participaron miles de personas,

---

119 El Ejido eran terrenos públicos destinados para el pastoreo de ganado, situados en las afueras, al norte del Quito de entonces. Hoy en día se encuentra en el centro de la ciudad y al lugar se lo conoce con el nombre de Parque de El Ejido o Parque de Mayo. El historiador Alfredo Pareja Diezcanseco describe esta parte de la historia del Ecuador en un libro que tituló *La hoguera bárbara.*

120 Ortiz Crespo, Gonzalo (2012). *El arrastre de los Alfaro. Una mirada crítica sobre una terrible tragedia colectiva.* Quito: Corporación de Estudios para el Desarrollo (CORDES).

que se trató de una "explosión popular" y afirma que, entre las causas para dicha movilización de masas, *"el mayor peso hay que dar al dolor y a la venganza provocados por los miles de muertos en la fugaz y absurda guerra civil que acababa de vivir el país"*.[121]

Explica este autor:

"A Quito habían llegado el 23 y 24 de enero trenes repletos de soldados, heridos y mutilados como consecuencia de las batallas de Huigra, Naranjito y Yaguachi. Y cualquiera que haya sido la cifra de muertos, 1.500 o 3.000, eran demasiados y la gente los achacaba al levantamiento de los alfaristas y al empecinamiento de quien había jurado no volver al Ecuador ni intervenir en política durante un año, juramento roto tan solo tres meses después".[122]

Acepta Ortiz que hubo quienes azuzaron al pueblo: *"Pero en la gente común había ira, odio y frustración, dijeran lo que dijeran los periódicos y las múltiples hojas y volantes que, ayer como hoy no son los únicos factores para conformar la opinión popular"* [123]. Y añade que se habían producido varias manifestaciones ("mítines", como se decía entonces): *"Y cuando el 25 se corrió en Quito la noticia de que Plaza había acordado dejar salir al exterior a los cabecillas de la revuelta, una gran manifestación, tras oír los reclamos airados de varios oradores, había asaltado y quemado la casa de Flavio Alfaro. El estado de efervescencia era muy grande"*.[124]

121 Ortiz, op. cit., página 15.
122 Ortiz, op. cit., página 15.
123 Ortiz, op. cit., página 16.
124 Ortiz, op. cit., página 16.

Y añade que *"entre quienes actuaron en Guayaquil contra Montero y entre quienes actuaron en Quito contra los Alfaro"* estuvieron *"madres y esposas, y otros familiares directos de los muertos, heridos y baldados de las batallas de Huigra, Naranjito y Yaguachi, las más cruentas de la historia republicana"*.

A MODO DE COLOFÓN

Los hechos narrados en las páginas precedentes nos demuestran que el general Leonidas Plaza Gutiérrez nunca quiso ni promovió la muerte del general Eloy Alfaro ni del resto de víctimas de los trágicos sucesos del 25 y 28 de enero de 1912. Al contrario, sus actos demuestran que en varias ocasiones el Gral. Plaza protegió la vida del Gral. Alfaro y la de sus compañeros exponiendo la suya propia.

Lo hizo cuando escoltó al expresidente Alfaro hacia el exilio el 16 de septiembre de 1911, cuando acordó la capitulación de Durán el 22 de enero de 1912, cuando permaneció junto a él y el resto de prisioneros del 23 al 26 de enero de 1912 y cuando insistió ante el gobierno que se les permitiera salir al exilio o mantenerlos en Guayaquil bajo custodia segura.

Los actos y escritos expuestos en este capítulo son pruebas irrefutables de lo dicho.

¿Quién o quiénes son los responsables del nefasto suceso? Que otros respondan. Yo puedo contestar que el general Leonidas Plaza Gutiérrez está libre de culpa y responsabilidad en este abominable y atroz crimen.

LA MUERTE DE JULIO ANDRADE

Otra gravísima calumnia que injustamente se le imputa al general Leonidas Plaza Gutiérrez es que fue responsable de la muerte del general Julio Andrade Rodríguez y que, para disimular el crimen, *"botó un armario encima"* [125] del cuerpo del general.

En varios recuentos de los hechos acaecidos en marzo de 1912 se repite esta falsa acusación que se ha instalado en la memoria. Incluimos a continuación un ejemplo: *"... Y era el preludio de la dura disputa por el poder que se aproximaba entre ambos personajes (Plaza Gutiérrez y Andrade) y que culminaría el 5 de marzo de 1912, con el alevoso asesinato de Julio Andrade en el Cuartel de Policía, ejecutado por seguidores de Plaza Gutiérrez".* [126]

Vamos a abordar en este capítulo la infausta muerte del Gral. Julio Andrade documentalmente para que el lector pueda conocer la verdad.

Antes de abordar el tema de la trágica y lamentable muerte del Gral. Andrade, es necesario que narremos la relación que existió entre los generales Julio Andrade Rodríguez y Leonidas Plaza Gutiérrez.

125 Esta versión sobre la muerte del general Julio Andrade, está muy difundida, incluso entre las élites intelectuales.

126 Falconí Pérez, Cecilia (compiladora), op. cit., página 263.

UNA LARGA Y FRUCTÍFERA RELACIÓN

Julio Andrade Rodríguez "El Bayardo" y Leonidas Plaza Gutiérrez, a quien también se le puede aplicar el mismo título o apelativo, fueron contemporáneos. Los separa apenas un año, siendo mayor el segundo. Si no fue antes, se conocieron en la batalla de Gatazo donde pelearon juntos cuando Plaza regresó al Ecuador desde Costa Rica, donde residía, a unirse a las fuerzas liberales comandadas por el Gral. Eloy Alfaro.

Fue en el marco de la Convención de 1897 cuando la amistad entre estos dos personajes se consolidó; los dos, junto a otros políticos y militares que redactaron la primera Constitución liberal en el Ecuador, tuvieron papeles gravitantes en dicho cónclave.

Esa relación se interrumpió cuando Plaza resolvió, a fines de dicho año, dejar el Ecuador para retornar a Costa Rica. Pasaron cerca de dos años antes que Plaza regresara nuevamente al Ecuador, esta vez de manera definitiva.

Leonidas Plaza Gutiérrez fue nombrado diputado al Congreso de 1900 y electo presidente de la Cámara Joven. Tuvo un desempeño brillante en este congreso, lo que acrecentó su popularidad, en especial dentro de las filas liberales.

Plaza fue designado como candidato oficial a la presidencia de la república por Eloy Alfaro para las elecciones que se realizaron en enero de 1901. Como se esperaba, Plaza fue elegido presidente constitucional del Ecuador y tomó posesión de su cargo en septiembre de dicho año.

En cuanto al Cnel. Julio Andrade, quien fue expulsado de la Convención de 1897 por un altercado que tuvo con el Dr. Adolfo Páez, la propia Convención "... *quizá a manera de desagravio* [por la expulsión] ... *al terminar sus sesiones, eligió a Julio Andrade, Ministro Juez del Tribunal de Cuentas*".[127]

Para fines de 1898 e inicios de 1899 la insurrección arreciaba en varios lugares del Ecuador. El Gral. Andrade decidió reincorporarse al servicio activo en el ejército. El 23 de enero de 1899 tuvo una destacada actuación en la batalla de Sanancajas bajo el mando del Gral. Rafael Arellano en contra de tropas conservadoras comandadas por los generales José María Sarasti y Melchor Costales y el Cnel. Ricardo Cornejo. [128]

A mediados de 1899, Julio Andrade fue nombrado jefe de Estado Mayor de la Comandancia del Norte con sede en la ciudad de Tulcán. Se trataba de un cargo muy delicado porque las "montoneras" conservadoras amenazaban constantemente la estabilidad del régimen liberal desde el sur de Colombia.

PLAZA GUTIÉRREZ PRESIDENTE EL AÑO 1901

Apenas posesionado el Gral. Plaza como presidente del Ecuador, nombró al Gral. Julio Andrade gobernador del Azuay, cargo que Plaza había ostentado seis años antes, para luego nombrarlo ministro de Instrucción hasta 1904, año en el cual el mismo Gral. Plaza lo nombró enviado especial y ministro plenipotenciario del Ecuador ante el gobierno de Colombia.

127 De la Torre Reyes, op. cit., página 159.

128 De la Torre Reyes, op. cit., pág. 170.

El Gral. Plaza terminó su período constitucional y entregó el poder democráticamente a su sucesor, el señor Lizardo García Sorroza, el 1 de septiembre de 1905, para seguir sirviendo al Ecuador en calidad de ministro plenipotenciario ante el gobierno de los Estados Unidos de América.

El 31 de diciembre de 1905, el Gral. Eloy Alfaro inició una revuelta contra el gobierno de García. Esta revolución depuso al presidente García tras veinte días de guerra y centenares de muertos.

El Gral. Julio Andrade fue ratificado en su cargo de ministro plenipotenciario del Ecuador en Colombia por el Gral. Alfaro, cargo que mantuvo hasta inicios del año de 1911, en que fue nombrado enviado especial y ministro plenipotenciario del Ecuador ante el gobierno de los Estados Unidos de Venezuela. El Gral. Andrade regresó al Ecuador en los primeros días de septiembre de 1911, a raíz de la caída del gobierno del Gral. Alfaro.

LA GUERRA CIVIL DE 1912

Como se relató en el capítulo anterior, el presidente Alfaro fue depuesto el 11 de agosto de 1911, se encargó del poder ejecutivo el señor Carlos Freile Zaldumbide en su calidad de presidente del Senado. Este, respetando la Constitución de 1906, entregó el poder el 1 de septiembre de 1911 al señor Emilio Estrada Carmona, quien había salido victorioso en las elecciones de enero de aquel año.

También en el capítulo anterior se narró lo que sucedió a la muerte del presidente Estrada acaecida el 21 de diciembre de 1911, la consiguiente ascensión al poder nuevamente de Carlos Freile Zaldumbide y el desconocimiento a este gobierno interino por parte del Cnel. Carlos Otoya Ramos el 23 de diciembre del mismo año, en Esmeraldas, en favor de la jefatura suprema del Gral. Flavio Alfaro Santana y pocos días después, el 28 de diciembre, la declaración de jefe supremo del Gral. Pedro J. Montero en Guayaquil.

Para hacer frente a estas dos rebeliones, el presidente Freile Zaldumbide nombró al Gral. Plaza comandante en jefe del Ejército con el encargo de sofocarlas. Fue el Gral. Plaza quien impuso al gobierno de Freile Zaldumbide el nombramiento de jefe de Estado Mayor General en la persona del Gral. Julio Andrade Rodríguez.

Narramos en el capítulo anterior cómo la guerra civil que tuvo que enfrentar el país concluyó con el triunfo de las fuerzas constitucionalistas, al mando de su comandante en jefe Leonidas Plaza Gutiérrez y del jefe de Estado Mayor Julio Andrade Rodríguez, sobre los rebeldes. Desarrollamos también el trágico desenlace de los generales Pedro Jacinto Montero, Eloy Alfaro Delgado, Flavio Alfaro Santana, Ulpiano Páez Egüez, Medardo Alfaro Delgado, Manuel Serrano Renda y el coronel Luciano Coral Morillo en Guayaquil el 25 de enero de 1912 el primero y en Quito el 28 de enero de 1912 los restantes.

A pocos días del fallecimiento del presidente Estrada, un grupo importante de liberales simpatizantes del Gral. Plaza lanzaron su candidatura a la presidencia de la república.

Mientras se sucedían las batallas de Huigra, Naranjito y Yaguachi, el ministro del Interior del gobierno de Freile Zaldumbide, señor Octavio Díaz, presentó la candidatura del señor Freile Zaldumbide para terciar en las elecciones que debían darse para elegir un sucesor del presidente Estrada. El 8 de febrero de 1912, el mismo señor Díaz se retractó y optó por lanzar al ministro de Relaciones Exteriores, señor Carlos Tobar Guarderas, como candidato. Para este cambio pudieron mediar una serie de razones, entre ellas, la salud y la muy baja popularidad de Freile Zaldumbide.

La relación de amistad y respeto entre los generales Plaza y Andrade se mantenía en buenos términos. Basta leer el telegrama de Andrade a Plaza:

> *"Para Guayaquil - Quito, a 6 de febrero de 1912*
>
> *Señor General L. Plaza G.*
>
> *He estado pendiente del aviso de su llegada y restablecimiento de su salud. Véngase cuanto antes, mi querido General; ¡cuánto tenemos que conversar y cuánto que lamentar juntos! Buenos en mi casa, y saludos afectuosos de todos. Muy suyo. Julio Andrade"* [129]

SE SUMA OTRA CANDIDATURA A LA PRESIDENCIA

El 12 de febrero de 1912, otro grupo de liberales proclamó la candidatura a la presidencia de la república del Gral. Julio Andrade. Este evento tuvo lugar en casa del señor Miguel Páez Jijón, primo hermano de Abelardo Moncayo Jijón, este último cuñado del Gral. Andrade.

---

129 Lamus G. (1912), op. cit., pág. 284.

La realidad era que el Partido Liberal Radical estaba fraccionado a pesar de su corta vida republicana. Desde años atrás se hablaba de que *"había Flavistas, Eloycistas, Placistas, Andradistas y hasta Monteristas"* [130] y Franquistas.

En el capítulo anterior también detallamos los esfuerzos conjuntos de los generales Plaza y Andrade para lograr que se cumpla con el Acuerdo de bases de paz acordado con el Gral. Montero, en especial el primer numeral que contemplaba no tomar acción alguna en contra de los jefes rebeldes y permitirles regresar al seno de sus hogares, incluso en el exilio. Eran esfuerzos inútiles porque tanto el presidente Carlos Freile Zaldumbide como su gabinete y un amplio sector social, incluidos prominentes miembros del Partido Liberal, exigían lo contrario: pedían que los jefes rebeldes sean juzgados por sus actos y condenados de conformidad con la ley llegando incluso a desconocer la validez del Acuerdo de bases de paz.

LOS ASESINATOS DE ENERO DE 1912

Fue en esas circunstancias que se juzgó al Gral. Montero en Guayaquil y se lo condenó a dieciséis años de reclusión y a una degradación pública, condena que no fue aceptada por la turba presente en el juicio y, como consecuencia, condujo al asesinato del Gral. Montero y ensañamiento con sus despojos. Esa tensa situación en Guayaquil y la presencia en ella del ministro de Guerra, Juan Francisco Navarro, forzaron a que Plaza y Andrade aceptaran que, en la madrugada del 26 de

---

130 Robalino Dávila (1969), op. cit., pág. 497.

enero de 1912, se saque a los jefes rebeldes de la gobernación y se los embarque por tren en Durán con destino a Quito.

El mismo 27 de enero, el Gral. Andrade envió un telegrama a su hermano, el Cnel. Carlos Andrade, que se encontraba en Huigra, solicitando que se una a la escolta de los jefes rebeldes. El telegrama dice lo siguiente:

> *"Esta mañana salió el tren con generales prisioneros; incorpórate al convoy y haz cuanto puedas por salvarles la vida a don Eloy especialmente: yo trato de salir hoy para secundar y si lo consigo nos encontramos en el camino. Te abrazo y piensa que esta es la comisión más noble y sagrada que has podido desempeñar."-firma: Julio (Andrade).* [131]

En efecto, el Cnel. Carlos Andrade, se unió al cortejo en Huigra con el beneplácito del Cnel. Sierra.

El 28 de enero de 1912 el Gral. Andrade emprendió viaje desde Durán a Quito. En el mismo tren se embarcaron la señora Colombia Alfaro de Huerta y su esposo doctor Emilio Clemente Huerta con el propósito de *"... servir en la prisión al padre de ambos"* [132], el Gral. Eloy Alfaro.

Solo tras el arribo a Huigra, el Gral. Andrade conoció la trágica muerte de Eloy Alfaro y sus compañeros. Se vio en la penosa tarea de comunicar este aciago suceso a la pareja Huerta Alfaro, la que naturalmente optó por no continuar el viaje.

---

131 De la Torre, op. cit., pág. 543.

132 De la Torre, op. cit., página 561.

INGRESO DE ANDRADE A QUITO

A su llegada a Quito al día siguiente de producido el crimen a Eloy Alfaro y sus compañeros, el Gral. Andrade se encontró con un buen número de ciudadanos listos para aclamar al noble subjefe vencedor de la última guerra civil, "*... quien demostró sentimientos humanitarios y firmeza de carácter frente a los odios más disimulados y a los temores y vacilaciones del gobierno. El entusiasmo fue sincero y profundo. Una efervescencia general de simpatía rodeaba al invicto general*". [133]

Luego de los discursos de rigor, incluso de uno muy emotivo pronunciado por el mismo Gral. Andrade a su arribo a la estación del tren, la entrada a la ciudad del "*... Gral. Andrade al frente de su ejército en la Capital fue apoteósica*".[134]

A más de cien años de estos sucesos, todavía no nos podemos explicar cómo fue posible que, al día siguiente de semejante tragedia, la población quiteña hubiera podido participar de una fiesta triunfal.

ALGO SOBRE EL GRAL. PLAZA GUTIÉRREZ

Sin duda alguna, la popularidad del Gral. Leonidas Plaza Gutiérrez era inmensa en esos momentos. Había demostrado

133 De la Torre, op. cit., página 561.

134 De la Torre, op. cit., pagina 563.

una gran capacidad como gobernante durante su primera presidencia. No solo que enderezó las finanzas públicas, sino que emprendió muchas obras, entre ellas el avance de la construcción del ferrocarril de Guayaquil a Quito; se promulgaron, con su concurso, importantes reformas legales, *"al tiempo que radicalizó las transformaciones estatales anticlericales hasta límites que ni el mismo Don Eloy se atrevió cruzar ... Paulatinamente el "placismo" fue transformándose en la alternativa liberal-secular, pero anti "populachera" o "machetera", a la que respaldaban los "grandes" de la burguesía y el latifundismo costeño, así como muchos notables de la Sierra".* [135] Nosotros diremos que también el "placismo" encontró apoyo en los principales líderes a nivel nacional y entre la intelectualidad del Partido Liberal. La patria pudo gozar de paz y respeto a la libertad de opinión. Ascendió al poder de manera democrática y así mismo lo entregó al cumplirse el término para el cual fue elegido. Abonaba a su popularidad su brillante desempeño en la sangrienta guerra civil que había asolado su patria apenas semanas antes.

Sin duda alguna el Gral. Julio Andrade también gozaba de una excelente reputación, sin embargo, las preferencias dentro del Partido Liberal Radical y del ejército se inclinaban decididamente en favor del Gral. Plaza.

TRES CANDIDATURAS LIBERALES

Para fines de febrero de 1912 existían tres candidaturas para elegir al sucesor del presidente Emilio Estrada Carmona:

---

135 Falconí, Cecilia (compiladora), op. cit., 113.

la del Gral. Leonidas Plaza Gutiérrez, lanzada en diciembre de 1911; la del Dr. Carlos Tobar Guarderas, presentada a mediados de enero de 1912, y la del Gral. Julio Andrade Rodríguez, proclamada a mediados de febrero de 1912.

Ante este panorama, el presidente Carlos Freile Zaldumbide convocó a su gabinete, que incluía al doctor Carlos R. Tobar Guarderas, en su calidad de ministro de Relaciones Exteriores, y a los generales Plaza y Andrade a una reunión para el día 5 de marzo de 1912. El objetivo de la reunión era solicitar a los tres candidatos que declinaran sus candidaturas y se sometieran al dictamen de la Junta Liberal Radical Provincial de Pichincha, que sería la que definiría la persona que debía llevar al partido político a las urnas como candidato único a nivel nacional. No quedaba tiempo para convocar a una Asamblea Nacional del Partido Liberal Radical, razón por la cual se proponía acogerse al dictamen de la de Pichincha. Tobar y Andrade aceptaron declinar sus candidaturas, no así el Gral. Plaza.

Al mismo tiempo, el gobierno de Freile Zaldumbide trataba de implementar algunos cambios de jefes militares en algunas de las guarniciones, en especial algunas acantonadas en la ciudad de Quito. El Gral. Plaza Gutiérrez seguía siendo el comandante en jefe del Ejército y se opuso a esos cambios. Era obvio y legítimo que el Gral. Plaza se oponga a estos cambios, porque las personas que iban a ser removidas eran sus partidarios y, aún más importante, eran buenos oficiales.

La reunión terminó abruptamente luego de una agria discusión entre los generales Plaza y Andrade por estos dos temas. El Gral. Plaza se retiró de la reunión seguido por el Gral. Juan Francisco Navarro, quien estaba presente en su calidad de ministro de Guerra.

Ante esta situación, el Gral. Plaza decidió buscar el apoyo militar para sostener su candidatura y mantener el régimen democrático, que tanta sangre había costado conservar meses antes. Parecería un contrasentido esto de sostener un régimen democrático con el apoyo de las fuerzas armadas, pero no lo es: las fuerzas armadas están para defender la democracia entre otras obligaciones y responsabilidades.

Horas más tarde, a eso de las 7 pm del mismo 5 de marzo de 1912, el presidente Freile Zaldumbide y su entorno se enteraron de que la estabilidad de su gobierno peligraba. Ya sabían que el Gral. Plaza contaba para su candidatura con el apoyo de la mayoría de los jefes militares y de un numeroso grupo de importantes liberales radicales a nivel nacional.

CENÁCULO EN LA INTENDENCIA DE POLICÍA

Con la seguridad de que el Gral. Plaza no renunciaría a su candidatura y que buscaría remover de la presidencia al doctor Freile Zaldumbide, este convocó nuevamente a su gabinete ministerial y, acompañado de algunos de sus ayudantes, buscó primero reunirse en las oficinas de uno de los ministerios. Dado que no logró su cometido, se encaminó a las oficinas de la intendencia de policía y se reunió en la sala de amanuenses de dicha dependencia. Previamente, el presidente Freile Zaldumbide había recibido del intendente de policía de Pichincha, señor Leopoldo Narváez, la confirmación de que el cuartel militar donde funcionaba la intendencia de policía en Quito era adepto a su gobierno y que el Gral. Plaza se encontraba tramando una insurrección en su contra.

Además del presidente encargado, Carlos Freile Zaldumbide, también estuvieron presentes los señores Gral. Julio Andrade, apenas nombrado horas antes ministro de Instrucción Pública; el ministro del Interior, Octavio Díaz; el de Relaciones Exteriores, quien llegó último, Carlos R. Tobar; el secretario de la Presidencia, Antonio Barzallo, y el amanuense, César A. Sánchez.[136]

En esa reunión, el presidente Freile Zaldumbide procedió a aceptar las renuncias de los ministros de Guerra: Gral. Juan Francisco Navarro y de Hacienda J. Federico Intriago, quienes habían dado muestras de apoyar al Gral. Plaza.

Nombró al Gral. Julio Andrade ministro de Guerra y con él procedió a hacer los cambios en la oficialidad a los que se había opuesto el Gral. Plaza. Dichos cambios incluían remover al Gral. Plaza de su cargo de comandante en jefe del Ejército y otra serie de actos administrativos como nombrar subsecretarios.[137]

Al mismo tiempo que el presidente encargado y sus colaboradores se ocupaban de estos asuntos, aproximadamente a las 11:30 de la noche del mismo 5 de marzo, se produjo una balacera dentro del cuartel. En este tiroteo se enfrentaban soldados a favor del gobierno contra otros que respaldaban al Gral. Plaza. Con su característica impulsividad, el Gral. Andrade tomó en sus manos un fusil y salió al corredor mal iluminado a hacer frente a la balacera cuando un tiro de fusil lo hirió mortalmente.

136 De la Torre, op. cit., página 599.

137 De la Torre, op. cit., página 601.

El ministro Tobar, quien acompañó al actor de esta temeraria acción, arrastró al agonizante Gral. Andrade dentro cuarto de amanuenses de donde habían salido y, ante la mirada del resto de los presentes, extendió al Gral. Andrade en el piso junto a uno de los escritorios. La bala había comprometido un órgano vital por lo que el Gral. Andrade murió casi instantáneamente.

EL ARMARIO

Ante este trágico panorama, los presentes decidieron huir del lugar a través de una puerta que permanecía oculta detrás de un armario. Al retirar el armario para despejar la puerta secreta, este cayó y su base se apoyó en el piso mientras que uno de sus lados lo hizo en el filo superior del escritorio junto al cual reposaba el cuerpo exánime del Gral. Andrade.

El Gral. Andrade fue víctima casual de esta asonada.

No faltó la persona que creó la leyenda de que el Gral. Plaza había mandado a asesinar al Gral. Andrade y que, para disimular este crimen, los asesinos tiraron un armario sobre el cuerpo del muerto. Y no faltaron ciertos individuos que, desaprensivamente, recogieron esa versión. Otros la han cambiado y fueron más allá diciendo que el mismo Gral. Plaza asesinó al Gral. Andrade y que fue él mismo quien arrojó el armario sobre el cadáver del infortunado Andrade.

La autopsia realizada al cuerpo del Gral. Andrade por parte de probos médicos determinó que recibió un balazo de fusil disparado de larga distancia que comprometió uno de sus órganos vitales y causó su muerte en forma casi inmediata.

También quedó claro que el armario no generó daño alguno al cuerpo del Gral. Andrade, detalle sin importancia ante esta nueva tragedia.

Las personas que hicieron la autopsia fueron prestigiosos médicos. Se trata de los doctores Mariano Peñaherrera, Maximiliano Ontaneda, Agustín Polit Manrique y Aurelio Mosquera Narváez, quienes concluyeron que: "*... 1°- que la herida del abdomen fue provocada por el proyectil de un arma de fuego, que atravesó el cuerpo de adelante a atrás, siguiendo una dirección de derecha a izquierda y ligeramente oblicua de arriba abajo; 2°- que el arma que produjo esta herida debió de ser de grande potencia y de calibre largo (arma de guerra); 3°- que el disparo no ha sido hecho a quemarropa, y que las perforaciones observadas en la pieza del vestido fueron producidas por el mismo proyectil; 4°- que dicha herida es la que ha causado la muerte del señor Gral. Don Julio Andrade, por la rotura de los vasos renales.-*"[138]

Para fines de junio de 1912, el señor agente fiscal Reinaldo Crespo emitió el siguiente dictamen:

> "*... Examinado con la detención que corresponde, mediante un prolijo estudio del expediente en cuestión, deduzco:*
>
> *1°.- La muerte de dicho General tuvo lugar en medio de un verdadero motín de Cuartel.*
>
> *2°.- Cuando los altos empleados del Gobierno se dieron cuenta del conflicto armado, huyendo del peligro, se refugiaron en una de las piezas pertenecientes a la Intendencia de Policía.*

138 De la Torre, op. cit., página 645.

3°.- El señor Gral. Andrade fue el único que afrontando la situación, tomó un rifle y quiso salir al corredor de la Policía para sofocar el motín, circunstancias en que fue herido, y muerto instantáneamente. Así declaran bajo juramento los señores doctores Carlos Freile Zaldumbide, Carlos R. Tobar, Octavio Díaz y otros que se hallaban en compañía de dicho General, en el cuartel de Policía, la noche del 5 de marzo del presente año.

4°.- Dichos señores, según sus respectivas declaraciones, dicen: que no pueden ni es posible determinar quien disparó el arma que mató al señor General Andrade, ya que el pánico, la algazara, y el fuego nutrido que se hacía contra el departamento de la Intendencia, les hizo perder la calma y la serenidad.

5°.- Que tal hecho no puede atribuirse a Luis Cifuentes, ni al Dr. Octavio Díaz, que se hallan sindicados como autores por las declaraciones de los señores Joaquín F. Suárez y Francisco Talbot, respectivamente, porque estas son aisladas, únicas y no se hallan de acuerdo con los méritos del proceso.

Por tanto, y en cumplimiento de mis deberes, digo: La muerte del señor General Julio Andrade fue casual y no hubo asesinato.

Quito, julio 9 de 1912

Reinaldo Crespo G." [139]

---

139 De la Torre, op. cit., página 646.

RENUNCIA EL SEÑOR CARLOS FREILE ZALDUMBIDE

En la madrugada del día 6 de marzo de 1912, el señor Carlos Freile Zaldumbide, inerme ante la falta de apoyo a su gobierno, puso la renuncia al cargo de presidente encargado y asumió el poder constitucional el último presidente de la Cámara de Diputados, el señor doctor Francisco Andrade Marín.

Es importante resaltar que el día 6 de marzo de 1912, el Gral. Plaza se comunicó vía telegráfica con el Gral. Treviño quien se encontraba en Guayaquil en calidad de jefe militar de esa localidad. De ese diálogo se desprende claramente que era deseo de ambos preservar la democracia.[140]

Las elecciones presidenciales se celebraron y las ganó ampliamente el Gral. Leonidas Plaza Gutiérrez.

CONCLUSIONES

Hay que visualizar la escena. En la mitad de la noche se produce una balacera en el cuartel donde se encuentran reunidos el presidente encargado Freile Zaldumbide y sus más íntimos colaboradores, entre ellos el Gral. Andrade. El general, armado con un rifle y seguido por el ministro

---

140 Andrade, Roberto. *¡Sangre! ¿Quién la derramó?*, Imprenta Antigua de El Quiteño Libre, Quito, 1912, página 185.

Tobar, sale a un corredor mal iluminado en medio de una balacera entre soldados a favor del gobierno del doctor Freile Zaldumbide y los que apoyan la candidatura del Gral. Plaza; recibe en el acto un balazo mortal. ¿Pudo alguien urdir un asesinato en estas condiciones?

Queda claro que la muerte del Gral. Julio Andrade fue una casualidad, un caso fortuito.

El Gral. Plaza, en su dilatada vida de soldado, estadista y político, nunca agredió ni mandó a agredir a persona alguna, peor asesinar a alguien.

ALGO SOBRE ROBERTO ANDRADE

Cabe decir algunas palabras sobre el señor Roberto Andrade Rodríguez, hermano del Gral. Julio Andrade, porque fue la persona que construyó mitos alrededor de algunos hechos históricos con el fin de distorsionar la verdad. En el caso que nos ocupa, se ha inventado diálogos y hechos en circunstancias en las que él no estuvo presente burlando la evidencia.

Fue Roberto Andrade quien, por esa animadversión, por decir lo menos, en contra del Gral. Plaza, le acusó de gran parte de los temas abordados en este libro. Y fue Roberto Andrade quien trató de hacer parecer que su hermano tenía un encono en contra del Gral. Plaza y que fue Andrade quien trató de proteger al Gral. Alfaro y sus compañeros en los aciagos días de fines de enero de 1912 y no así el Gral. Plaza.

Wilfrido Loor en su libro Eloy Alfaro 1901-1912 recoge una serie de embustes proferidos por Roberto Andrade.[141]

Transcribimos un fragmento de una carta que el Gral. Andrade escribe a su hermano Roberto el 23 de abril de 1898 con el objeto de describir su carácter:

> "... *Lo que sí estoy por no perdonarte es que te atormentes con ideas tan imperdonables como que la que nosotros sospechamos de ti: conque siempre has de ser el viejo-niño de toda la vida, te diría, entre unas cuantas admiraciones, si no temiese faltarte al respeto de hermano mayor, ¡de casi padre mío! ... Tu sistema nervioso debe ser exquisitamente delicado, que a la más simple idea ha de corresponder, por movimiento instantáneo, una contracción muscular; y así, de idea en contracción, y de contracción en idea, el pensamiento, la voluntad y la acción, acaban por confundirse en ti, por no ser más que uno ...*"

Quien publica el fragmento anterior escribe: "*Este retrato sicológico de don Roberto, tiene indiscutibles aciertos que solo la vida tormentosa de éste y la tempestuosidad de sus pasiones y resentimientos pueden completarlo, haciendo de él una obra acabada*".[142]

Asimismo, transcribimos el siguiente párrafo que sirve como complemento al retrato de Roberto Andrade:

141 Loor, (1947), op. cit., páginas 695 en adelante.

142 De la Torre, op. cit., páginas 70 y 71.

> *"Tal su vida, que acaso quiere ser olvidada, tal vez no reconocida en su valor completo; tal vez muchos ni quieran acordarse de ella; de esa vida suya si colmada de graves errores, no menos fuerte ni menos combatiente; si repleta de sufrimiento y contradicciones, no menos llena de amor por las reivindicaciones y por la libertad que él la entendió en sentido elemental y puro; si víctima de la indiferencia y del aborrecimiento, no menos pregonera de la justicia; si rebosante de los grandes odios por los unos, no menos exenta de pasión devota y admirativa por los otros."* [143]

Así escribe alguien que lo admiró. Lo que no se dice es que Roberto Andrade llegó a calumniar e inventar sucesos y hasta diálogos que nunca se dieron para tener la razón y esto es imperdonable en un ser humano, más aún en un político, periodista e historiador.

143 Lloret Bastidas, Antonio. (2020). *Ensayos para la Memoria*. Cuenca: 200 Cuenca Bicentenario, página 135.

LA GUERRA DE CONCHA[144]

El Gral. Plaza Gutiérrez fue maliciosamente acusado de haber sido el responsable del bombardeo de la ciudad de Esmeraldas. Sería más preciso hablar de bombardeos, porque según los rebeldes fueron más de uno los que se efectuaron contra la ciudad de Esmeraldas dentro del marco de la lamentable guerra civil que se produjo por la vanidad de un hombre: el Cnel. Carlos Concha Torres.

El señor Jorge Pérez Concha en su libro Carlos Concha Torres, biografía de un luchador incorruptible, dice:

> *"... Además, el presidente Plaza Gutiérrez ordenó al comandante Stone, del "Libertador Bolívar", que procediera a bombardear Esmeraldas, sin contemplación de ninguna especie, ya que "a individuos que han asesinado a los miembros de la Cruz Roja, no hay por qué guardarles consideraciones, pues, están fuera de la Ley". ... "*[145].

144 Lo que en este capítulo se narra, ha sido extraído fundamentalmente del libro *Carlos Concha Torres: biografía de un luchador incorruptible* (Editorial El Conejo, Quito, 1987), escrito por el señor Jorge Pérez Concha, sobrino carnal del biografiado.

145 Pérez Concha, Jorge. (1987). *Carlos Concha Torres: biografía de un luchador incorruptible*. Quito: Editorial El Conejo, página 124.

Relatos como este instalan una idea equivocada del Gral. Plaza y exigen que se revise los hechos y se repare la figura que ha sido objeto de tales calumnias.

Siguiendo el mismo esquema utilizado en los capítulos anteriores, vamos a narrar los hechos sucedidos y sus antecedentes para demostrar que el Gral. Plaza Gutiérrez nada tuvo que ver con estos eventos.

CONCHA DECLARA LA GUERRA

El coronel Carlos Concha Torres se declaró enemigo del gobierno del general Leonidas Plaza Gutiérrez el día 23 de septiembre de 1913 y atacó el día siguiente un cuartel en Esmeraldas con el propósito de tomar esa plaza. No logró esto último gracias a la intervención de fuerzas gubernamentales que desembarcaron del vapor *Cotopaxi*, que se encontraba coincidentemente anclado frente a la ciudad de Esmeraldas.[146]

En este combate debemos lamentar algunos muertos: los primeros de una larga lista de víctimas cuya sangre fue derramada por el capricho del promotor de esta nueva guerra civil: el Cnel. Carlos Concha Torres.

Luego de esta primera derrota, el Cnel. Concha se retira aguas arriba del río Esmeraldas y establece su centro de operaciones en Tachina.[147]

146 Otra parte de lo consignado en este capítulo ha sido extraída de un par de documentos escritos por el señor Julio César Estupiñán Tello, que se encuentran en el Archivo Plaza en Zuleta.

147 Pérez Concha, op. cit., página 99.

El gobierno del Gral. Plaza despachó a sofocar la rebelión al ministro de Guerra y Marina, general Juan Francisco Navarro, quien llegó a Esmeraldas el 29 de septiembre de 1913 a bordo del cazatorpedero Libertador Bolívar con cien hombres del Batallón Guayas al mando del Mayor Héctor Ycaza.[148] Concha creyó que este navío llegaba a apoyar su causa, pero el plan fue descubierto y frustrado por el gobierno. Se suponía que el comandante de este navío despachado a Esmeraldas para sofocar la revuelta llegaría a esa población y se pondría al servicio del jefe rebelde. Esta traición fue descubierta y desmontada a tiempo.[149]

El 27 de septiembre, Carlos Concha había lanzado su manifiesto declarando que "*... Siguiendo el patriótico dictado de mi conciencia y obedeciendo, además, a la voluntad popular, claramente manifestada, abro hoy campaña en esta heroica sección de la República, en defensa del honor y la justicia que los pueblos reclaman. ...*" [150], una referencia a los trágicos sucesos de 28 de enero del año anterior en que fueron victimados el Gral. Eloy Alfaro y cinco compañeros.

Los revoltosos atacaron una guarnición militar acantonada en Rioverde, desbandaron a los soldados y capturaron más armamento para la revolución.

El jefe de Estado Mayor del Ejército, el Cnel. Luis Cabrera[151] envió un contingente de ochenta hombres del

148 Pérez Concha, op. cit., página 100.

149 Pérez Concha, op. cit., página 100.

150 Pérez Concha, op. cit., página 101.

151 El Cnel. Luis Cabrera fue un militar chileno que vino al Ecuador gracias a un convenio firmado entre las fuerzas armadas chilenas y ecuatorianas, para capacitar a los oficiales ecuatorianos.

Batallón Guayas, bajo el mando del Mayor Héctor Ycaza, para someter y capturar a Concha y su gente. Lamentablemente, el mal comportamiento de esta tropa en contra de los habitantes de la zona y la falta de conocimiento del lugar, una selva tropical tupida y agreste, permitió que este caudillo y sus guerrilleros emboscaran y sometieran a los soldados, quienes, desarmados, tuvieron que regresar dispersos a Esmeraldas. Estas nuevas armas permitieron que Concha convocara más hombres a su causa.

Hay que puntualizar que la provincia de Esmeraldas era una de las más atrasadas de la república: carecía de caminos en un ambiente de selva tropical, sin servicios básicos incluso en la misma capital provincial, con muy pocas escuelas y un servicio sanitario casi nulo. La comunicación y el transporte de bienes y pasajeros se hacía exclusivamente por transporte fluvial y marítimo. El mayor Héctor Ycaza tomó la hacienda La Propicia de la familia Concha Torres, donde se apoderó de ganado caballar. Desde allí despachó al capitán José Oviedo con treinta hombres para explorar el terreno y avanzar hacia la población de Viche. La gente de Concha sorprendió a esta avanzada y provocó la baja de algunos soldados. En la desbandada habían abandonado armamento que fue capturado por los hombres de Concha.

Para mediados de octubre, las fuerzas constitucionales en Esmeraldas estaban derrotadas y sin haber progresado en nada en su misión de sofocar la revolución.

Luego de este fracaso inicial, el gobierno despachó dos batallones más para hacer frente a la asonada. Fueron el Batallón Quito y el Batallón Constitución. El mando fue delegado al Cnel. Manuel Velasco Polanco en calidad de jefe de operaciones.

El Cnel. Velasco Polanco dividió su tropa y la condujo aguas arriba por las dos márgenes del río Esmeraldas en busca de Carlos Concha y sus hombres. El Batallón Constitución, que iba por uno de los márgenes del río, se encontró con los guerrilleros bien ubicados y atrincherados, lo cual permitió que se produzca una verdadera carnicería contra los soldados constitucionalistas; casi todos murieron incluyendo a su comandante el Cnel. Alejandro Andrade Lalama. El río, que estaba crecido, arrastró los cadáveres hacia la ciudad de Esmeraldas con el consecuente impacto en la ciudadanía y en el resto de soldados. Este desastre sucedió en los días 8 a 10 de diciembre de 1913 y se conoce como la batalla de El Guayabo.

El 14 de diciembre, el Cnel. Manuel Velasco Polanco, jefe de operaciones de las fuerzas del gobierno y el Cnel. Carlos Concha Torres, jefe de las fuerzas revolucionarias, suscriben la capitulación de las fuerzas del gobierno en el recinto Chinca. Esta capitulación contempló la entrega de un importante armamento a los rebeldes; a cambio, liberaron a los soldados de las fuerzas constitucionales que habían sido tomados como prisioneros de guerra y se les permitió retornar a sus cuarteles o unirse a la revuelta.[152]

Las fuerzas constitucionales sufrieron en esta batalla de El Guayabo las siguientes bajas: muertos, dos jefes, diez oficiales y trescientos soldados; heridos, dos jefes, cinco oficiales y veinte soldados; prisioneros, ocho jefes, 40 oficiales y cerca de seiscientos sesenta soldados.[153]

La Cruz Roja despachó al campo de batalla a la lancha Cisne para socorrer a los heridos con cuatro médicos y

152 Pérez Concha, op. cit., página 109.

153 Pérez Concha, op. cit., página 110.

personal de enfermería. A su regreso a la ciudad de Esmeraldas transportando heridos, fueron emboscados por hombres de Concha quienes, contra todo principio humanitario, masacraron a médicos, auxiliares y heridos.

El río lleno de cadáveres y la masacre en la lancha de la Cruz Rojas hizo que las autoridades y soldados que estaban en la ciudad de Esmeraldas se embarquen en el vapor *Cotopaxi* y cedan así la plaza a los revolucionarios. El día 16 de diciembre de 1913, Carlos Concha y sus hombres ocuparon Esmeraldas.[154]

EL BOMBARDEO DE ESMERALDAS

El 24 de diciembre de 1913, el comandante del cazatorpedero Libertador Bolívar, el ciudadano chileno señor Robert W. Stone, se dirigió al decano del cuerpo consular en Esmeraldas, el señor Gee D. Median, con el objeto de solicitarle que interpusiera sus buenos oficios y del resto del cuerpo consular en Esmeraldas a fin de que el jefe rebelde, Carlos Concha Torres, evacúe la plaza de Esmeraldas. En la misma comunicación, el comandante Stone manifestó que, en caso de negativa por parte del jefe rebelde, se dignara circunscribir una zona de la ciudad de Esmeraldas donde la población pudiera encontrar refugio. Esa zona sería respetada por las fuerzas del gobierno legalmente constituido de manera que su población no tenga que sufrir los efectos de una guerra.

Al día siguiente, a bordo del *Libertador Bolívar*, el cuerpo consular en Esmeraldas representado por los señores cónsules

---

154 Pérez Concha, op. cit., página 112.

de los Estados Unidos de América, de Inglaterra y de Colombia levantaron un acta conjunta con el comandante de la nave Robert W. Ston, en la que en su parte medular decía:

> *"... 1° El bombardeo de la ciudad de Esmeraldas perjudicaría únicamente los intereses de la gente pacífica y de los extrangeros (sic), con el consiguiente incendio que sobrevendría. Esto por cuanto los rebeldes no tienen una sola propiedad en la ciudad, como tampoco intereses materiales de ninguna especie.- 2° Es seguro que al saber los rebeldes que se bombardearía la ciudad, se retirarían al interior guareciéndose en los bosques, quedando la ciudad únicamente en poder de algunos de los bandoleros que aprovecharian (sic) esta ocasión para contribuir ellos mismos al incendio, saqueo y robo.- 3° Estos desmanes y crímenes serían imputados al buque que los efectuara y por consiguiente al Gobierno actual, con lo que se pretendería echar una sombra a la rectitud de procedimientos humanitarios de un país civilizado; siendo esta la ocasión propicia para los rebeldes decir: que matan la Cruz Roja, pero que combaten con tropas que incendian y que no respetan gente indefensa. - 4° Quedando con estos razonamientos demostrado que el daño o castigo a los rebeldes no sería en realidad a ellos, y menos efectivo, el Comandante acordó circunscribir el bombardeo únicamente a los contornos y alrededores de la población donde crea que puedan existir tropas o elementos bélicos.- 5° Se deja constancia especial por parte de los Honorables Señores Cónsules de EE. UU. de Inglaterra y de Colombia, que cuando se impusieron de la nota de comunicación de la rendición de la plaza y bombardeo impuesta por el Comandante del Libertador Bolívar, se fueron inmediatamente a conferenciar con el Jefe rebelde Sr. Carlos Concha, quien después de leída la nota en referencia, contestó*

textualmente: que él no rendiría la ciudad de Esmeraldas y que podrían tomarla cuando quisieran las tropas del Gobierno y que ojalá se bombardeara y destruyera la ciudad, porque con esta barbaridad contra las leyes que prohíben el bombardeo de poblaciones indefensas, vamos a conseguir más fácilmente la caída del Presidente.- 6° Como último razonamiento, creemos un deber dejar constancia, que nos consta que el señor Carlos Concha desea ardientemente que se lleve a efecto el bombardeo de la ciudad.- Firmamos para constancia ... A bordo del Libertador Bolívar, fondeado en Coquitos, Bahía de Esmeraldas, a veinte y cinco días del mes de diciembre de mil novecientos trece.- (f) Gee D. Median American Consular Agent, (f) Henry Cornwall, British Vice Cónsul, (f) Placencio Trujillo Vicecónsul de la Rep. de Colombia, (f) R W Stone Comandante del Libertador Bolívar.[155]

Lo cierto es que el Cnel. Carlos Concha pretendió utilizar a la población civil esmeraldeña en calidad de escudos humanos y que, gracias al sentido de humanidad de los jefes militares del gobierno y las acciones militares subsecuentes, la proterva intención de Carlos Concha no se concretó.

El 30 de diciembre de 1913 el buque *Cotopaxi* bombardeó ciertas posiciones ocupadas por la gente de Concha en los alrededores de la ciudad de Esmeraldas. Como vimos, este bombardeo fue orquestado con el conocimiento de las autoridades legales de esa ciudad y provincia y del cuerpo consular. Fue ejecutado de manera que no causara daño a la

---

155 Informes que el 4 de enero de 1914 remite el Gral. Juan Francisco Navarro al ministro de Guerra y Marina encargado. Archivo Plaza en Zuleta.

población civil con el exclusivo objeto de ubicar las posiciones conchistas, en especial la de los cañones que fueron capturados por los rebeldes a raíz de la batalla de El Guayabo un par de semanas antes.

El parte de las actividades del crucero *Cotopaxi* elaborado por el Cnel. Enrique Valdez Concha, sobrino del jefe rebelde, en su calidad de comandante al servicio del gobierno constitucional, que presenta al general en jefe del Ejército del litoral, Gral. Juan Francisco Navarro, el 4 de enero de 1914 detalla el bombardeo que se llevó a cabo el 30 de diciembre hacia las posiciones de los revoltosos. Se desprende de este parte que la acción fue exitosa y que se logró silenciar, léase destruir, el par de piezas de artillería que los rebeldes utilizaban para atacar a las fuerzas navales del gobierno.

Los rebeldes trataron de magnificar estas acciones de guerra para aplacar las críticas que se levantaron contra ellos por la barbarie cometida con la masacre del personal de Cruz Roja y soldados heridos el 13 de diciembre de 1913.[156]

En realidad, la responsabilidad de las desgracias que sobrevinieron como consecuencia de esta absurda guerra de inicio a fin recae sobre un solo hombre: Carlos Concha Torres.

> *"El año 1914 comenzó con el auge revolucionario en Esmeraldas después del desastre del Guayabo y la capitulación de Chinca, y ha concluido con el triunfo del Gobierno en la misma trágica Esmeraldas, pero triunfos que no han logrado aniquilar la revuelta. El hecho fatal*

---

156 Informes del jefe del Ejército del Litoral al ministro de Guerra y Marina del 4 de enero de 1914. Archivo Plaza en Zuleta.

es que esta existe, desmedrada a lo que parece, pero todavía en pie.- En el intervalo se sucedieron los desastres de Camarones y de la Propicia, los amargos días de Quito amenazado por el Norte, las intentonas repetidas en el Centro, en el Sur, en el Occidente, la interminable campaña de Manabí, cuyo final tuvo trazas de sainete, y las tercas montoneras de Los Ríos y el Guayas, especie de "razzias" de bandoleros sin Dios ni ley"

Lo anterior escribió el historiador Luis Robalino Dávila, en ese entonces transformado en periodista de *El Día*, periódico opositor al gobierno del Gral. Plaza. [157]

Hubo un nuevo intento de llamar a la cordura al Cnel. Concha Torres para que abandonara sus posiciones en Esmeraldas y no se refugiara poniendo en peligro la seguridad de la población civil. La respuesta se hizo esperar y recién el 10 de febrero de 1914 los señores cónsules de los Estados Unidos de América, de Gran Bretaña y de Colombia le informaron al jefe del Ejército constitucional la negativa del jefe rebelde. Agregaron además que, si había razones el 24 de diciembre del año anterior para evitar el bombardeo contra la ciudad, en estos momentos seguían vigentes y algunas agravadas, especialmente por el estado de los caminos debido al invierno y la falta de embarcaciones para la evacuación de la población civil.

El sentido de responsabilidad de los comandantes de las fuerzas constitucionales hizo que se desista la intención de bombardear las posiciones rebeldes dentro de la ciudad.

---

157 Robalino Dávila, Luis – Memorias de un Nonagenario, Editorial Ecuatoriana, Quito, 1974, página 47.

Los navíos *Cotopaxi* y *Libertador Bolívar* se limitaron a bombardear la casa de la gobernación que se encontraba junto al río sin tener que lamentar pérdidas de vida humanas y muy escasos daños materiales. Evidentemente, los rebeldes también magnificaron esta acción describiendo un terrible incendio que no sucedió. Esta acción, por su tibieza, fue un fracaso más de las fuerzas constitucionales, ya que no lograron desembarcar a los soldados para recuperar la ciudad del poder de los rebeldes.

Mientras sucedía lo que acabamos de narrar, el Gral. Plaza se encontraba en Quito, totalmente alejado del escenario de la guerra, confiando en sus mandos militares. No tardó mucho en darse cuenta de que debía desplazarse a Esmeraldas.

EL GENERAL PLAZA GUTIÉRREZ ASUME EL MANDO DE LAS TROPAS

En marzo de 1914 llegaron más tropas del gobierno a bordo del buque *Constitución*, esta vez bajo el mando del Gral. Plaza, quien decidió hacerse directamente cargo de las acciones para sofocar la revolución. Las acciones militares desarrolladas hasta ese momento habían sido mayoritariamente favorables a los rebeldes. El cambio de estrategia para someter a los rebeldes se hizo notar a partir de que el Gral. Plaza decidió asumir personalmente esta grande y grave responsabilidad. A partir de esa fecha las fuerzas constitucionales empezaron a cosechar triunfos.

Viajó también con el Gral. Plaza el comandante Enrique Valdez Concha, que había armado a un grupo de sus trabajadores del ingenio de su propiedad. Además del mencionado buque, el gobierno envió más tropa y pertrechos en los buques *Simón Bolívar* y *Tarqui*.

El Gral. Plaza cambió la estrategia para sofocar la rebelión: desembarcó con sus hombres en Atacames y por tierra emprendieron el avance hacia Esmeraldas, cruzando las montañas del Teaone. Esta acción les permitió recuperar la ciudad de Esmeraldas sin necesidad de bombardearla.

En el mes de abril salieron de Esmeraldas los coroneles Moisés Oliva, jefe de operaciones, y Enrique Valdez, jefe de Estado Mayor, rumbo al norte de la provincia. Ganaron La Tola y Tachina y llegaron a Ríoverde donde encontraron una ligera resistencia al enfrentarse a los hombres comandados por el colombiano Cnel. Jorge Martínez, subordinado del Cnel. Carlos Concha.

El día 12 de abril las tropas llegaron a Tacuma y Camarones donde les esperaban los hombres de Concha. La tropa gubernamental fue diezmada al encontrarse entre la montaña de donde atacaban los guerrilleros y el mar. El Cnel. Oliva se salvó al ser rescatado por marinos del buque *Cotopaxi*, que seguía la marcha de la tropa. Por su parte, el Cnel. Valdez murió en este enfrentamiento.

El 5 de mayo fue atacado el campamento militar en la hacienda La Propicia a unos seis kilómetros de distancia de la ciudad de Esmeraldas. Fallecieron muchos soldados y oficiales, entre ellos el Mayor Álvarez y también fue herido el Cnel. Oliva. Todos estos contratiempos fortalecieron a los revoltosos no solo porque debilitaban al enemigo, sino porque consiguieron capturar mucho armamento y municiones, incluso un cañón.

Además de las derrotas militares, enfermedades como la fiebre amarilla, la disentería y el beriberi causaban estragos en la tropa del gobierno, poco acostumbrada al clima imperante en Esmeraldas.

A pesar de las derrotas y del estado de ánimo de sus hombres, el Gral. Plaza Gutiérrez no se dejaba arredrar y visitaba los campamentos de día y de noche para levantar el ánimo de sus tropas.

Por complicaciones de su salud, el Gral. Plaza Gutiérrez tuvo que ausentarse del teatro de operaciones dejando al Cnel. Alejandro Andrade López en calidad de jefe de operaciones en la provincia de Esmeraldas.

A fines de mayo los revoltosos atacaron Las Palmas, hecho que dio lugar a una batalla en la cual se produjeron importantes bajas en ambos bandos.

En los siguientes meses se sucedieron una serie de escaramuzas, una de las cuales fue la toma de la Isla Prado, en la cual murieron algunos revolucionarios, entre ellos Ercilio Lastre. En represalia, su pariente, Federico Lastre, fue con algunos hombres a San Mateo donde los revoltosos tenían prisioneros a un grupo de colombianos que no simpatizaban con Concha, así como al soldado Efraín Reyes y a un muchacho de apellido Álvarez y condujo a todos ellos a la bocana de río Teaone, donde los asesinó salvajemente a machetazos.

En septiembre nuevamente se produjo un enfrentamiento en Las Palmas, pero esa vez el resultado fue una clara victoria del gobierno.

En diciembre de 1914, las fuerzas del gobierno ocupaban la hacienda La Piedra, que se encontraba frente a la ciudad de Esmeraldas. El 15 de ese mes, los revolucionarios atacaron para recuperar esta posición, pero perdieron la batalla luego de un feroz combate.

Se incluye un fragmento de la novela *Cuando los guayacanes florecen* de Nelson Estupiñán Bass que retrata la situación durante este conflicto:

> *"Corría el mes de febrero de 1915, … La estrella de la asonada estaba opacándose ya. De algunos lugares los facciosos habían sido desalojados, dejando en su retirada muchos muertos y muchos heridos. En la ciudad y en los campos dominados por los leales, la situación tampoco era agradable. Escaseaban la comida y los medicamentos. Las familias pudientes habían salido de la ciudad, yéndose a los campos o a otras Provincias de la Costa. Los pocos habitantes sufrían calamidades sin cuento. Muchos hombres, a fuerza de permanecer en las trincheras – que habían tenido que construir con sus propias casas – estaban ahora atacados de beriberi. Los niños, además de haber perdido la escuela, crecían escuálidos por la angustiosa falta de alimentos.- En los campos, los sembríos estaban totalmente perdidos y el monte había subido altanero a muchas casas, tapándolas por completo. Los facciosos empezaban a sentir cansancio. Habían soportado un año largo de batallar, tiempo en el que se habían batido con un enemigo superior en número, en armamento y en capacidad, haciendo derroche de valor y en muchas ocasiones dando al traste con una lógica de las academias militares. Los leales, los experimentados ahora, no los perseguían por las montañas, como al comienzo, y ellos – los facciosos – sabían muy bien que "el mono en la pampa es nadie".*

ES APRESADO CARLOS CONCHA TORRES

En febrero de 1915 fue apresado el jefe revolucionario, Cnel. Carlos Concha en la hacienda San José ubicada en el río Teaone, de propiedad de su familia. El Cnel. Enrique Torres reemplazó a Concha al frente de los revoltosos. Federico Lastre se opuso a este nombramiento, abandonó a sus compañeros y se fue para el sur donde fue asesinado poco tiempo después.

Para el mes de agosto de 1915 las fuerzas del gobierno tenían bajo control la zona comprendida entre Limones y Esmeraldas, incluyendo La Tola y Rioverde.

La suerte de los inicios de la revuelta había cambiado. Se produjeron algunos enfrentamientos más, pero a los revoltosos les faltaban municiones y estaban muy desorganizados. Ya se veía para esas fechas que la guerra estaba por terminar.

Pero el 13 de septiembre de 1915, a pesar de que se estaban iniciando las negociaciones para pacificar a la provincia, el jefe revolucionario Cnel. Enrique Torres sitió y atacó a la población y guarnición de Rioverde. Ese día llegaba a este puerto el buque Tarqui llevando víveres, pero, al registrar lo que estaba sucediendo, regresó a Esmeraldas para dar alerta. Como respuesta, el Cotopaxi se apresuró a Rioverde llevando a tropas que desembarcaron y obligaron a huir a los sitiadores. En esta batalla perdió la vida Manuel Dolores Martínez, otro colombiano al servicio de la revuelta.

La tan añorada paz se produjo recién el 6 de noviembre de 1916 cuando ya gobernaba el Dr. Alfredo Baquerizo Moreno.

Esta revuelta fue muy costosa para el Estado ecuatoriano. La compra de equipos y armamento, entre ellos el navío *Constitución* y el mantenimiento del Ejército en pie de guerra representó una presión no prevista sobre la caja del Tesoro nacional obligando al gobierno del Gral. Plaza Gutiérrez a posponer inversiones y a adquirir deuda.

Los tres años de guerra afectaron enormemente a la población de la provincia de Esmeraldas en todo aspecto: desde la provisión de alimentos, la educación, la salud y las obras de infraestructura, hasta la cantidad de soldados, revoltosos y habitantes muertos, heridos y despojados de sus bienes.

QUIÉN FUE CARLOS CONCHA

Carlos Concha Torres nació en el hogar de doña Delfina Torres quien tuvo muchos hijos, el mayor fue Luis Vargas Torres, un revolucionario que combatió junto a Eloy Alfaro y murió fusilado en Cuenca el 20 de marzo de 1887. Los dos con algunos compañeros más se armaron en el Perú y atacaron al gobierno ecuatoriano de la época a fines del año de 1886.[158] Al Cnel. Luis Vargas Torres le correspondió apoderarse de la provincia de Loja y con un puñado de hombres logró ocupar la capital de esa provincia el 1 de diciembre de 1886. El gobierno ecuatoriano ordenó al Cnel. Antonio Vega recuperar esa ciudad y sofocar la revolución.

En efecto, el 7 de diciembre de ese año, el Cnel. Vega recuperó Loja, sometió a los revolucionarios y capturó a sus

158 Gobierno del presidente José María Plácido Caamaño.

jefes, quienes fueron trasladados a Cuenca para ser juzgados allí.

El juicio contra el jefe rebelde y sus lugartenientes se inició el 4 de enero de 1887. A los pocos días se dictó sentencia condenando a muerte a los cabecillas de esa rebelión, incluido su comandante, el Cnel. Vargas Torres. Gobernaba el Ecuador el señor José Plácido Caamaño.

Prestigiosas personalidades del Azuay se acercaron al Cnel. Vargas Torres invitándolo a que solicitara la conmutación de la pena de muerte por la de reclusión mayor extraordinaria. Los cuatro compañeros de Vargas Torres condenados a muerte con él solicitaron clemencia y recibieron penas menores. Por el contrario, el Cnel. Luis Vargas Torres se negó a pedir la conmutación de la pena, por lo que fue fusilado el 20 de marzo de 1887.

Desde el año siguiente de este suceso, el Gral. Leonidas Plaza Gutiérrez adoptó la costumbre de enviar en esa fecha, un telegrama de condolencia por la muerte de Luis Vargas Torres a su madre Delfina Torres. No sabemos cuántos años mantuvo el general Plaza esta costumbre. Lo cierto es que no podía olvidar que a fines de diciembre de 1884 el Cnel. Luis Vargas Torres protegió sus espaldas cuando Plaza con Eloy Alfaro y otros revolucionarios más intentaban huir a Colombia luego de la derrota sufrida en la costa de Jaramijó en la batalla naval en que perdieron el buque *Alajuela*.

Carlos Concha Torres nació en la hacienda San José a orillas del río Teaone[159] el 11 de agosto de 1864. A la muerte

---

159 Algunos autores lo llaman Tiaone.

de su padre, acaecida por 1877, fue enviado a Europa por la familia a educarse. Estudió medicina en Francia y luego odontología en los Estados Unidos de América. Regresó al Ecuador alrededor de 1889 y eligió Guayaquil para establecerse y ejercer su profesión, aunque solo por un corto tiempo.

En 1891 lo encontramos de vuelta en su tierra natal, donde en mayo de 1895 se proclamó jefe civil y militar de Esmeraldas y capturó al gobernador de esa provincia, el Cnel. Cornejo. Decidió ampliar su campo de acción: dejó la jefatura de Esmeraldas en manos del Cnel. Carlos Otoya y se dispuso a atacar Bahía de Caráquez el 21 de junio de 1895. Se enfrentó contra las fuerzas gubernamentales en Chamiza y las derrotó.

Para el 24 de agosto de 1895 lo encontramos en Guaranda, ya al mando del Batallón Esmeraldas al servicio de la revolución liberal.[160]

Durante el resto de 1895 y a lo largo de los primeros meses de 1896 Carlos Concha se dedicó a combatir los focos de resistencia conservadora y durante un período lo hizo bajo el mando del Gral. Leonidas Plaza Gutiérrez.

El 6 de agosto de 1896, por orden del Cnel. Manuel Antonio Franco, el periodista Víctor León Vivar fue asesinado en Quito. Carlos Concha Torres estaba de guarnición en Latacunga y el Batallón Esmeraldas estaba bajo el mando de un hermano de Carlos, José María Concha Torres.

---

160 El Batallón Esmeraldas era conocido por la presencia de soldados afrodescendientes, aguerridos y diestros en el uso del machete.

En septiembre de 1896 el Gral. Alfaro dicta el decreto llamando a Asamblea Constituyente, la que debía instalarse el 9 de octubre de 1896 en Guayaquil. Tres días antes de esta fecha se produce el Gran Incendio en esta ciudad, donde se encontraba el Batallón Esmeraldas, todavía bajo el mando de José María Concha Torres, hermano de Carlos.

Carlos Concha Torres fue electo diputado por el Azuay a dicha Asamblea, en la que también participaron Manuel Benigno Cueva, Luis Felipe Borja, Belisario Albán Mestanza, Leonidas Plaza Gutiérrez, Julio y Roberto Andrade Rodríguez, Felicísimo López, Juan Benigno Vela, Modesto A. Peñaherrera, Adolfo Páez, Gonzalo S. Córdova, Delfín B. Treviño y otros.[161]

La nueva Constitución fue suscrita el 12 de enero de 1897 y publicada el 14 del mismo mes y año.

El 20 de agosto de 1897 Carlos Concha fue nombrado gobernador de Esmeraldas por el gobierno de Eloy Alfaro. A fines de 1900 dejó la gobernación y se dedicó a la explotación de las haciendas de la familia.

La fortuna de la familia Concha Torres fue inmensa. En el testamento del padre de Carlos, don Uladislao Concha Piedrahita, de origen colombiano, se enumeran varias propiedades tales como las haciendas La Victoria, La Propicia, Timbre, San José y otras más, bienes inmuebles en la ciudad de Esmeraldas, ganado, el trapiche en la hacienda San José.[162]

El presidente Leonidas Plaza Gutiérrez se dirigió al Congreso el 23 de agosto de 1902, en demanda de una pen-

161 Pérez Concha, op. cit., página 39.

162 Pérez Concha, op. cit., página 49.

sión de montepío en favor de la señora Delfina Torres de Concha, como madre del Cnel. Luis Vargas Torres. Tal era su cercanía que, en carta dirigida a Lizardo García el 14 de julio de 1905, dice: "Al doctor Tamayo (José Luis) lo quiero como antiguo amigo, como a ecuatoriano, ilustre y probo, como a yerno de mi respetada amiga doña Delfina y como amigo de usted." [163]

Según personas que conocieron de cerca a Carlos Concha Torres, este acostumbraba a pasar las noches tomando café y conversando con algún amigo; uno de ellos fue don Francisco Macay, hombre ilustrado de origen manabita que había residido en Centroamérica junto al Gral. Eloy Alfaro.

"Salía también a la calle con mozos que lo acompañaban a hacer cosas muy impropias de la posición que ocupaba" [164], dice alguien que lo conoció, aunque reconocemos fue su adversario político. Nos referimos al señor Julio César Estupiñán.

El carácter de Carlos Concha le llevaba a burlarse de todos. Hay el caso patético del fingido duelo con el señor Luis Tello Ripalda, en el cual, Carlos Concha le desafía a duelo por una supuesta ofensa y tenía todas las de ganar habida cuenta que el señor Tello no era un experto en el manejo de armas de fuego, se arma el tinglado y a la mañana siguiente, cuando los contendientes estaban prestos a enfrentarse, Carlos Concha abraza al señor Tello y le dice que se trataba de una broma.

---

163 Pérez Concha, op. cit., página 50.

164 Estupiñán Tello, Julio César. (sin año). *La Revolución de Esmeraldas 1913*. Escrito encontrado en el archivo Plaza de Zuleta sin editar, página 2.

En 1905, el general Leonidas Plaza Gutiérrez entregó el poder a su sucesor el señor Lizardo García y, como ya se ha dicho, fue nombrado con el beneplácito del Congreso ministro plenipotenciario del Ecuador ante el gobierno de los Estados Unidos de América.

Lizardo García pudo gobernar apenas cuatro meses. Asumió el mando el 1° de septiembre de 1905, pero el Gral. Eloy Alfaro le armó la revolución el 31 de diciembre de 1905 con la insurrección de la plaza de Riobamba, que culminó con éxito para los golpistas el 19 de enero de ese año.

Carlos Concha no estuvo lejos de estos sucesos. El mismo 19 de enero de 1906 se insurreccionó en Esmeraldas a favor de Alfaro. El Gral. Eloy Alfaro entró victorioso a Quito al día siguiente.

Leonidas Plaza Gutiérrez fue llamado de su misión diplomática para apoyar al señor Lizardo García, llegando a Guayaquil el 18 del mes de enero cuando ya era tarde. Tuvo que retornar a Nueva York, casi de inmediato; la revolución a favor de Alfaro había triunfado.

Carlos Concha tuvo que desplazarse a Manabí para sofocar unos pocos focos de apoyo al presidente García. Esto sucedió el 26 de enero de 1906 cuando era gobernador de esa provincia el Cnel. Juan Francisco Navarro, quien entregó el mando a Carlos Concha.[165]

El 3 de mayo de 1906, Carlos Concha Torres fue designado cónsul general en París por la dictadura del Gral. Eloy Alfaro. Allí se vinculó con Luis Felipe Borja hijo y con el

165 Pérez Concha, op. cit., página 55.

Cnel. Juan Manuel Lasso Ascásubi, además de un sinnúmero de ecuatorianos que vivían regularmente en esa ciudad, porque pertenecían a esa élite conocida como "gran cacao"[166].

Aprovechándose de su gran amistad con el presidente Eloy Alfaro, trató de intervenir en favor del Dr. Honorato Vásquez en sus diferendos o conflictos con el ministro plenipotenciario Dr. Víctor Manuel Rendón. El Dr. Vásquez representaba al gobierno ecuatoriano en el trámite del Laudo Arbitral a cargo del Rey de España por el diferendo limítrofe entre Ecuador y Perú.

A inicios de 1911, Carlos Concha renunció al Consulado y retornó al Ecuador. Para su arribo, el Ecuador ya tenía presidente electo en la persona del señor Emilio Estrada Carmona. Como era de esperarse, el presidente Eloy Alfaro sintió que debía pedir al señor Estrada la renuncia anticipada a su cargo y recibe como respuesta un rotundo no.

Carlos Concha reapareció en la vida pública como parte de la revuelta que se generó en el Ecuador a raíz de la muerte del presidente Estrada y de la proclamación como jefes supremos de los generales Flavio Alfaro en Esmeraldas y Manabí el 23 de diciembre de 1911 y de Pedro J. Montero en Guayas el 28 de diciembre de 1911.

Carlos Concha Torres se unió a Flavio Alfaro y combatió junto a él en la batalla de Yaguachi en 1912 en calidad

166 Los "gran cacao" eran propietarios de inmensas plantaciones de cacao en el Litoral ecuatoriano. Gracias a esta actividad amasaron grandes fortunas, que les permitió dejar sus propiedades en manos de administradores y trasladarse con sus familias a residir en Europa, principalmente París, y derrochar sus fortunas allí.

de jefe de Estado Mayor. Ante la derrota, se escondió en Guayaquil durante un tiempo y retornó a Esmeraldas cuando las aguas se calmaron en la república. En realidad, Carlos Concha no debía esconderse de los gobiernos de Freile Zaldumbide, Andrade Marín y Plaza Gutiérrez; más bien debía permanecer a la sombra por temor a represalias de civiles como consecuencia de su activa participación en las revueltas de diciembre de 1911.

Conocemos ya la historia de este triste período, pues se la ha narrado en capítulos anteriores.

¿QUÉ MOTIVÓ A CARLOS CONCHA A DECLARAR LA GUERRA AL GOBIERNO?

Luego del atroz asesinato de Eloy Alfaro y sus compañeros y, días antes, el del Gral. Montero, a nadie se le ocurrió perseguir a quienes apoyaron las revueltas de fines de diciembre de 1911. Los asesinatos de los líderes de la revuelta fueron actos de salvajismo inaudito, que aplacaron los ánimos de gobernantes y gobernados e hicieron olvidar al resto de cabecillas.

El Cnel. Carlos Concha Torres fue apresado cuando estaba por abordar una balandra con rumbo a Esmeraldas en Guayaquil el 23 de enero de 1912. Pocas horas antes su jefe, el Gral. Flavio Alfaro, había corrido la misma suerte. De todas maneras, su detención duró poco porque fue liberado de inmediato por orden del Gral. Leonidas Plaza Gutiérrez, una muestra más de la consideración que este guardaba a la familia Concha Torres. [167]

167 Pérez Concha, op. cit., página 80.

Luego de esto, Carlos Concha se estableció en Guayaquil y se dedicó a conspirar. Asentó su cuartel general en la Isla San Ignacio en el Golfo de Guayaquil. Como era de esperarse, fue nuevamente apresado por sus actividades y permaneció en prisión del 18 al 24 de agosto de 1912. Ese día salió libre por la amnistía general que había decretado el gobierno provisional del señor Carlos Freile Zaldumbide.

El 25 de agosto de 1912 fue llamado al servicio activo. Se le ordenó presentarse en Quito, en la dependencias de Estado Mayor General. Efectivamente, viajó a Quito, pero no se presentó al trabajo. En algún momento algún empleado del Ministerio de Guerra le entregó al Cnel. Concha lo que le correspondía como sueldo, lo que naturalmente rechaza manifestando que solo esperaba recibir dinero de su madre, un claro alarde de soberbia.[168]

Se sabía vigilado, por lo que en compañía de otro individuo salió subrepticiamente de la ciudad de Quito rumbo a Esmeraldas, por el camino a Santo Domingo. En esta acción daña la línea telegráfica y uno de los puentes del camino de herradura que unía a las dos ciudades. Como consecuencia, cayó preso junto a su compañero el 24 de diciembre de 1912.[169]

Se instauró un Consejo de Guerra para el 26 de febrero de 1913. Su abogado defensor fue el Dr. Luis Felipe Borja, el amigo que había conocido en París cuando Carlos Concha se desempeñaba de cónsul. Fue condenado a seis meses de prisión. El Dr. Borja apeló la sentencia el 8 de abril. La corte que conoció esta apelación declaró la nulidad de lo actuado por el Consejo de Guerra, por lo que Carlos Concha salió libre.

168 Pérez Concha, op. cit., página 87.

169 Pérez Concha, op. cit., página 88.

La Justicia, entonces, decidió entablarle un juicio por destrucción de bienes públicos el mismo 8 de abril; pero este proceso no progresó por intervención directa de los señores doctor Modesto A. Peñaherrera y Gral. Juan Francisco Navarro, ministros de Gobierno y de Guerra, respectivamente. Es obvio que la orden de librar al Cnel. Concha de la Justicia provino directamente del presidente Plaza.[170]

Carlos Concha viajó a Guayaquil, donde se hospedó en casa del Dr. José Luis Tamayo Terán, su cuñado, quien sería presidente del Ecuador pocos años después. Todo apunta que seguía en plan de conspirar contra el régimen del Gral. Plaza Gutiérrez.

A principios de septiembre de 1913 viajó a Esmeraldas y armó la revolución o revuelta, como narramos al inicio de este capítulo.[171]

Cabe la posibilidad de que el verdadero motivo para esta acción haya sido que don Carlos Concha estaba presionado financieramente. Según fuentes fidedignas, en septiembre del año 1913 llegó a Esmeraldas una sentencia de la Corte Comercial de Bruselas contra el Cnel. Carlos Concha Torres por la cantidad de 92.000 francos. Por los mismos días, también llegó a Esmeraldas un deprecatorio remitido por el alcalde de Guayaquil con el cual se ordenaba la prohibición de enajenar bienes a Carlos Concha Torres por la ejecución del pago de una deuda de 35.000 sucres a favor de la señora Aurora viuda de Aspiazu.[172]

170 Pérez Concha, op. cit., página 90 en adelante.

171 Pérez Concha, op. cit., página 94.

172 Estupiñán Tello, op. cit., página 2.

Nunca se conocerá a ciencia cierta la verdadera motivación que Carlos Concha Torres tuvo para organizar y mantener esta revuelta. Lo que sí se sabe es que esta guerra tuvo graves consecuencias para el Ecuador y para Esmeraldas. El número de muertos, que llegó a varias centenas, es la más grave de ellas, seguida por el costo que implicó para el gobierno sofocarla.

CÓMO TERMINÓ LA VIDA CARLOS CONCHA

El 24 de febrero de 1915 un grupo de soldados del gobierno, entre ellos el capitán Octavio Montaño tomaron preso al Gral. Carlos Concha Torres[173] y a su hermano Julio, quienes estaban derrotados y escondidos en la hacienda San José de propiedad de la familia.

El juicio en contra de Carlos Concha se inició al día siguiente en la ciudad de Esmeraldas.

Como dijimos, le sucedió en la jefatura de la revolución el comandante Enrique Torres. La falta de apoyo subsiguiente, tanto económico como popular, hizo que la revuelta no tuviera eco y poco a poco se fuera desintegrando.

Carlos Concha Torres dirigió por esos días algunas cartas a Enrique Torres solicitando se permita la venida de familiares de sus captores y se los respete. Se trata de la familia de los capitanes Benicio Reyes y Octavio Montaño.[174]

173 Para esa fecha Carlos Concha Torres había sido ascendido a general por su tropa.

174 Pérez Concha, op. cit., página 188.

Terminada la etapa del sumario del juicio a los hermanos Concha Torres, fueron trasladados a Quito bajo la custodia del Cnel. Carlos Floresguerra. Fueron recibidos por el presidente Gral. Leonidas Plaza Gutiérrez en una población cercana a Quito y trasladados por él mismo conduciendo su vehículo hasta el Panóptico. Este gesto del presidente Plaza Gutiérrez es una demostración más de su personalidad y otra de su respeto hacia la familia de doña Delfina Torres.

El 13 de septiembre de 1916 Carlos Concha Torres pudo salir de la prisión gracias a un cambio en la sentencia y por la oportuna intervención del Cnel. Juan Manuel Lasso Ascásubi[175] ante el Congreso de ese año.

No obstante, como también se dijo ya, el comandante Enrique Torres se tomó el destacamento militar de Rioverde y exigió la liberación de Concha Torres, quien una vez más debió dirigir una carta a Torres indicándole que la revolución ya no tenía objeto. Para ese entonces, el Gral. Plaza Gutiérrez ya no estaba al frente de los destinos del Ecuador y el nuevo gobierno, presidido por el señor Dr. Alfredo Baquerizo Moreno, había tomado la decisión de liberarlo.

Concha Torres llegó libre a Guayaquil el 21 de octubre de 1916. A mediados del siguiente año regresó a Esmeraldas en el afán de reconstruir su fortuna[176], aunque su salud se había deteriorado.

---

175 El Cnel. Juan Manuel Lasso Ascásubi era hermano de la señora Avelina Lasso Ascásubi, esposa del Gral. Leonidas Plaza Gutiérrez.

176 Pérez Concha, op. cit., página 206.

El 12 de abril de 1919, Carlos Concha Torres fallece en Esmeraldas, víctima de una fuerte afección bronquial[177].

COMPLEMENTO

Al narrar estos episodios hemos intentado poner de relieve la actitud del Gral. Plaza Gutiérrez. En su calidad de presidente de la república tenía que sofocar la revuelta. Cuando sus subalternos no lo lograron, él no dudó en ponerse al frente de las tropas gubernamentales y logró dar un giro en los combates. Siempre se comportó deferentemente con Carlos Concha.

El bombardeo de Esmeraldas fue debidamente orquestado de tal manera que la población no sufriera y a quienes habría que reprocharles las bajas civiles, si las hubo, es a los revolucionarios que la utilizaron como escudo humano. La orden de bombardear la ciudad de Esmeraldas no fue impartida por el Gral. Plaza Gutiérrez, fue parte de una estrategia militar adoptada por el comandante en jefe del momento y su Estado Mayor. En la victoria el Gral. Plaza Gutiérrez fue siempre generoso con el vencido.

177 Pérez Concha, op. cit., página 208.

PLAZA GUTIÉRREZ EN CENTROAMÉRICA

En el año 1900, el Gral. Eloy Alfaro buscaba un candidato a la presidencia de la república para que le suceda.

Alfaro conocía a Leonidas Plaza Gutiérrez al menos desde 1883, cuando este tenía apenas 18 años de edad y aquel 41. Alfaro llamaba Placita a su subalterno, mote de carácter afectuoso. En algún momento durante el año de 1900, el Gral. Alfaro se convenció de que quien debía sucederle en el poder era Placita.

El Gral. Plaza ganó las elecciones en enero de 1901 y debía asumir el poder el 1 de septiembre de ese año, como lo prescribía la Constitución de ese entonces. Para julio de 1901 el Gral. Alfaro había empezado a encontrar defectos en el Gral. Plaza e inició una campaña política para forzar su renuncia, incluso antes de que asumiera el cargo.

Alfaro arguyó en la posible influencia negativa que, en el próximo gobierno de Plaza, tendrían los cuñados del primer mandatario, los señores Enrique Valenzuela Reina y Serafín Wither Navarro[178]. Asimismo, se lamentaba de la poca popularidad de Placita e incluso fue quien lanzó la calumnia contra él al difundir que este había vendido su espada

---

178 Enrique Valenzuela Reina fue el esposo de Leticia Plaza Gutiérrez y Serafín Wither Navarro el de Diana Plaza Gutiérrez.

a un gobernante conservador en Nicaragua traicionando así los ideales liberales. Debemos recordar que la opinión del Gral. Alfaro pendulaba, no solo en lo referido a Plaza; por ejemplo, el señor Serafín Wither, cuya influencia ahora rechazaba, había sido ministro en el gabinete del Gral. Alfaro.

Lo cierto es que el Gral. Plaza no iba a dejar que el Gral. Alfaro sea quien guíe los destinos del país durante su mandato. Esto último hizo que el Gral. Alfaro, mentor, se vuelva un feroz opositor del Gral. Plaza, pupilo.

Desde Guayaquil, el 5 de septiembre de 1902, cuando el Gral. Plaza ya llevaba un año en el poder, el Gral. Alfaro remitió una carta al señor Abelardo Moncayo en Quito. En ella le decía lo siguiente:

> *"Con respecto a la queja de Plaza de que desde Centro América he tratado de perjudicarlo, le referiré a Ud. el hecho a que puede haber aludido.- A fines de 1893 fui a Nicaragua, llamado por los liberales, para ayudarles en la lucha armada que en aquella época sostenían con el Gobierno Conservador del General Vásquez, de Honduras.- Privadamente serví con felicidad a mis correligionarios en política, mientras que Plaza, al lado de los cachurecos, o sea los conservadores, ayudó en contra de los liberales.- Con motivo de su vergonzoso proceder, que fue público y conocido tanto en Nicaragua como en Costa Rica, Plaza se valió de cuanto medio estuvo a su alcance, para que yo olvidase su punible conducta y lo trajera al Ecuador. Yo me negué a aceptarlo y por eso no vino conmigo en junio de 1895.- Después de mi llegada a Guayaquil, fueron tantos y tan repetidos los empeños que en favor de él interpusieron, que al fin tuve que acceder a su venida. Llegó a Cajabamba la víspera del combate*

en Gatazo, y habiéndose manejado bien, dando apoyo oportuno a Medardo (hermano de Eloy Alfaro) en lo más recio de la pelea, su proceder me hizo olvidar todo lo pasado en Centro América.- ... "[179]

Por otro lado, el mismo Gral. Alfaro sostuvo lo siguiente en otro escrito: "... *Al penetrarme en el curso de la discusión que el candidato militar aludido era el Gral. Plaza Gutiérrez, manifesté que no era prudente su designación, porque en Nicaragua había representado el mismo papel que el General Sarasti en el Ecuador: liberal al servicio de los conservadores.*"[180]

Narremos, desde los antecedentes, lo realmente sucedido para demostrar que el Gral. Plaza sirvió siempre al liberalismo.

UNA FAMILIA DE GUERREROS

Leonidas Plaza Gutiérrez, durante su infancia y adolescencia, pasó largas temporadas en la tierra de su madre, la zona de Barbacoas y Tumaco en Colombia. Su padre, José Buenaventura Plaza Centeno, nacido en Canoa, Manabí en 1825, se afincó en Barbacoas y allí conoció a Alegría Gutiérrez, nacida en esa ciudad en 1832; se casaron y tuvieron muchos hijos. Los mayores nacieron en Barbacoas y los últimos en Charapotó, Barbacoas y Bahía de Caráquez. La familia Plaza Gutiérrez se desplazaba con frecuencia entre estas ciudades.

179 Alfaro Delgado. (2014), op. cit., página 397.

180 Alfaro Delgado, Eloy. (2012). *Obras Completas Escritos Históricos.* Tomo III, Quito: Instituto de Investigación, Formación y Promoción Político Electoral, página 323.

En el ámbito familiar, los niños Plaza Gutiérrez escucharon con frecuencia las gestas independentistas de su abuelo Tomás Pedro Gutiérrez de Caviedes y sus hermanos.[181]

El tío abuelo de Leonidas Plaza Gutiérrez, Frutos Joaquín Gutiérrez de Caviedes, fue activo actor de la Independencia, autor de las *Cartas de Suba*[182], firmante del Acta de Independencia de Santafé el 20 de julio de 1810. Murió fusilado por la espalda en Pore (Casanare, Colombia) el 25 de octubre de 1816 por orden del "Pacificador" Morillo.[183]

Un mes antes del fusilamiento de Frutos Joaquín, moría fusilado otro hermano, el doctor José María, en Popayán el 19 de septiembre. Su apodo era "El Fogoso" por su arenga en pro de la emancipación en Mompox (Bolívar, Colombia) el 6 de agosto de 1810. Muere con el grado de coronel del ejército libertador.[184]

De Pedro León, otro de los hermanos de Tomás Pedro, solo sabemos que no fue soldado, pero apoyó decididamente la causa independentista y desapareció durante esa guerra, en los Llanos Orientales. Nunca se conoció su destino.[185]

---

181 Cabe anotar que el abuelo Tomás Gutiérrez era pariente del Gral. Francisco de Paula Santander. Díaz del Castillo, Emiliano. (1992). *Gutiérrez de Caviedes, Una Familia de Próceres.* Santafé de Bogotá, página 38.

182 Frutos Joaquín Gutiérrez defendió el derecho de los americanos a formar Juntas de Gobierno en las colonias españolas. Estas cartas fueron publicadas a inicios de 1809.

183 Díaz del Castillo, op. cit., páginas 37 y siguientes.

184 Díaz del Castillo, op. cit., páginas 69 y siguientes.

185 Díaz del Castillo, op. cit., páginas 85 y siguientes.

Nos queda Lorenzo Custodio, quien hizo una brillante carrera militar con Bolívar, llegando al grado de mayor. Participó en la Batalla de Boyacá y murió en la Batalla de Jenoy el 2 de enero de 1821.[186]

El abuelo del Gral. Plaza Gutiérrez, Tomás Gutiérrez, se enlistó en el ejército libertador en 1812. Fue el único de los cinco hermanos que sobrevivió la guerra de la Independencia. Participó en varias batallas, incluso luchó en Jenoy y siempre se lamentó haber tenido que dejar insepulto el cuerpo de su hermano Custodio.

En 1822, con el grado de Sargento Mayor, y bajo las órdenes del entonces Cnel. Antonio Obando, se encargó de sofocar una rebelión de esclavos, por lo que se libró de participar en la Navidad Trágica en Pasto.[187]

Lograda la Independencia, Tomás Gutiérrez desempeñó varios cargos civiles en la región de Tumaco y Barbacoas. Murió en 1860 en Barbacoas a la edad de 71 años.[188]

Tomás no llegó a conocer a su nieto Leonidas.

186 Díaz del Castillo, op. cit., páginas 89 y siguientes.

187 La orden de tomar Pasto a sangre y fuego y saquear la ciudad fue impartida por el Libertador Simón Bolívar y obedecida por el general Antonio José Sucre y uno de sus lugartenientes, el Coronel Juan José Flores. Esta acción constituye una mancha en la gesta libertaria.

188 Díaz del Castillo, op. cit., páginas 101 y siguientes.

INICIO DE LA CARRERA MILITAR DE LEONIDAS PLAZA GUTIÉRREZ

Con estos antecedentes familiares, no debe sorprender que antes de cumplir 18 años, Leonidas Plaza Gutiérrez decidiera enlistarse en las fuerzas que entonces, en 1883, inspiradas por los ideales liberales de Eloy Alfaro, combatían a la dictadura del Gral. Ignacio de Veintemilla en el Ecuador.

Para ello se unió al Cnel. Manuel Antonio Franco en Esmeraldas y su primera acción de armas fue la batalla que libraron las fuerzas contrarias a la dictadura de Ignacio de Veintemilla el 9 de julio de 1883 en la hacienda Mapasingue, cercana a la ciudad de Guayaquil. Plaza fue abanderado de uno de los batallones revolucionarios. El resultado de esta batalla fue favorable a las fuerzas insurrectas y determinó la caída del gobierno de Veintemilla.

Ese día el dictador Veintemilla y sus allegados huyeron con destino a Lima y los vencedores proclamaron a Pedro Carbo como jefe civil y militar en Guayas. Para esa fecha el general Eloy Alfaro ya había sido proclamado jefe civil y militar en Esmeraldas y Manabí. Meses antes, en Quito, las fuerzas antagónicas al general Veintemilla nombraban un Pentavirato para dirigir los destinos del Ecuador conformado, en un inicio, por los señores José María Sarasti, José Maria Plácido Caamaño, Agustín Guerrero, Pedro Carbo y Luis Cordero, reemplazados poco después por Pablo Herrera, Luis Cordero, Pedro Lizarzaburu, Rafael Pérez Pareja y Agustín Guerrero. Los señores José María Sarasti y Francisco Javier Salazar fueron nombrados general en jefe del Ejército y director supremo de la Guerra respectivamente.

Los tres gobiernos seccionales, que habían surgido del levantamiento general del país contra la dictadura de Veintemilla se pusieron de acuerdo y convocaron a una Asamblea Nacional, que se reunió a partir del 11 de octubre de 1883. La Asamblea eligió sus dignidades, entre ellas, al Dr. Ramón Borrero Cortázar, quien, en calidad de presidente del Senado, se encargó del poder ejecutivo hasta que pocos días después, el 22 de octubre, la Asamblea designó como presidente del Ecuador a José María Plácido Caamaño.

Al poco tiempo, los liberales radicales decidieron romper con el gobierno de Caamaño porque encontraron que prefería gobernar con elementos liberales católicos (progresistas) y conservadores, dejándolos de lado a ellos. Así sucedió, el Presidente Caamaño excluyó de su gobierno a Eloy Alfaro y a sus seguidores.[189]

EL ALAJUELA

Regresemos a la vida del general Leonidas Plaza Gutiérrez diciendo que parecería que heredó de su abuelo el actuar con valentía y decisión en hechos de guerra y rara vez sufrir alguna herida, siempre sin mayor gravedad.

Eloy Alfaro, excluido del gobierno de Caamaño, emigró a Panamá, en ese entonces parte de Colombia[190] y a Costa Rica, donde adquiere un barco artillado bautizado *Alajuela*, el cual fue rebautizado Pichincha por Eloy Alfaro, nombre que no trascendió en los libros de historia.

189 Muñoz Borrero, op. cit., páginas 202 y 203.

190 Panamá se separa de Colombia en 1903.

Con ese barco, Eloy Alfaro emprendió la lucha en contra del gobierno de Caamaño. A mediados de noviembre de 1884, a la altura de Tumaco (Colombia), el *Alajuela* hizo huir al barco gubernamental 9 de octubre (Santa Lucía en algunos relatos). Para el día 23 de noviembre, el Alajuela estaba frente a Esmeraldas combatiendo a las fuerzas gubernamentales; el 27 de noviembre se dio el combate en Charapotó favorable a Alfaro, pero al día siguiente los liberales de Alfaro fueron derrotados en Portoviejo y se retiraron a Bahía de Caráquez.

La noche del 5 de diciembre de 1884, con tropas y armamento muy inferiores a las fuerzas oficiales, el *Alajuela* atacó al barco *Huacho*. Los revolucionarios abordaron el barco enemigo y capturaron a cuatrocientos soldados gobiernistas luego de heroica batalla hombre a hombre, lo que supone una sonada victoria. En ese abordaje, el joven soldado Leonidas Plaza Gutiérrez, que ya tenía el grado de capitán y fungía de secretario de Eloy Alfaro, se distinguió por su arrojo. Todo esto sucedió frente a la población de Jaramijó. El barco *9 de octubre* que se encontraba cerca, al percatarse de este ataque, rompió fuego contra el *Alajuela*.

Es en ese momento que el general Eloy Alfaro tomó la determinación de destruir el *Alajuela* antes que entregarlo al enemigo. Una explosión sacudió al *Alajuela*, el cual envuelto en llamas y bajo el control de su capitán Andrés Marín enfiló hacia la costa.

Eloy Alfaro, que no sabía nadar, ayudado por Leonidas Plaza Gutiérrez y otros compañeros de armas, se aferró a un barril para ganar la playa.[191] Es luego de esta batalla que Plaza obtuvo el grado de Sargento Mayor.

Los revolucionarios sobrevivientes de la Batalla Naval de Jaramijó, perseguidos por las fuerzas del gobierno de Caamaño, emprendieron la huida a lo largo del litoral hasta llegar a Tumaco.

Cuando Alfaro y sus hombres, entre ellos Plaza, avanzaban por la provincia de Esmeraldas en su huida hacia la frontera con Colombia, el Cnel. Luis Vargas Torres les cuidó la retirada. Este gesto, entre otros, hizo que el general Plaza, guarde especial afecto por la familia de doña Delfina Torres, madre de Luis Vargas y de Carlos Concha.[192]

EN PANAMÁ

De Tumaco, Eloy Alfaro y sus hombres, incluido Plaza, se embarcaron con destino a Panamá.

Para ese momento, el Gral. Alfaro ya había apodado con el mote afectuoso de Placita a su joven soldado, como ya mencionamos. Penosamente, el Gral. Alfaro, cuando decidió romper con Placita, utilizó este mote con carácter peyorativo.

191 Avilés Pino, Efrén – Combate Naval de Jaramijó, Historia del Ecuador, Enciclopedia del Ecuador - www.enciclopediadelecuador/historia-del-ecuador/combate-naval-jaramijo/

192 Como se dijo más arriba, el Gral. Plaza, todos los 20 de marzo, fecha del fusilamiento de Luis Vargas Torres, enviaba un telegrama de condolencia a su madre, la señora Delfina Torres de Concha.

En Panamá, Plaza se involucra con un grupo de rebeldes liberales radicales istmeños que apoyaban la guerra civil desatada a nivel nacional, es decir, de Colombia, con el objeto de derrocar al presidente conservador Rafael Núñez.

Esta guerra civil, que duró algunos meses a lo largo y ancho de todo el territorio colombiano, terminó con la victoria de las fuerzas conservadoras que apoyaban al presidente Núñez en la batalla de La Humareda, que tuvo lugar el 17 de junio de 1885.

Las autoridades gubernamentales en Panamá arrestaron a Plaza, entre otros, quien es expulsado del país[193] y sale de Panamá (Colombia) el 18 de agosto de 1885.[194]

EN EL SALVADOR

Seguramente gracias a Eloy Alfaro, quien mantenía contactos con militantes liberales en Centroamérica, Plaza se enroló en el ejército salvadoreño a fines de 1885 o en 1886. Es aquí donde inició una carrera militar formal. En ese momento presidía El Salvador el general Francisco Menéndez, un liberal

193 No hemos logrado encontrar documentación respecto a este corto período en la vida del general Plaza. Nos basamos en una biografía del general Leonidas Plaza Gutiérrez publicada en 1896, encontrada en el archivo de Zuleta.

194 Loor. (1947), op. cit., página 696.

convencido. Había asumido el poder en 1885 y en 1886 promulgó la Constitución que rigió en esa república hasta 1939.[195]

Plaza se estableció en la ciudad de Santa Ana. El 11 de enero de 1887 fue nombrado mayor de plaza del cuartel de Santa Ana, teniendo ya el grado de teniente coronel. El 3 de mayo de ese mismo año, fue nombrado comandante de dicho cuartel.

Era coronel cuando, bajo el mando del general Antonio Ezeta, se enfrentó a las fuerzas invasoras guatemaltecas. Fue desalojado por los invasores de Piedra Blanca, pero se recuperó y batió en retirada a los guatemaltecos, con un sonado triunfo en Pasaje Galán.

Los hermanos Carlos y Antonio Ezeta, también liberales, depusieron al presidente Menéndez el 22 de junio de 1890; ese mismo día o al siguiente, falleció el general Francisco Menéndez en circunstancias nada claras.[196]

Bajo el régimen de Carlos Ezeta, Plaza ascendió al grado de general de brigada el 15 de julio de 1890 en atención a sus méritos, en especial en las batallas que dirigió y participó en contra de la invasión guatemalteca.

---

195 El general Francisco Menéndez Valdivieso gobernó El Salvador del 21 de junio de 1885 hasta el 22 de junio de 1890, siendo depuesto por una revuelta liderada por los hermanos Ezeta de León.

196 La causa oficial de la muerte de Francisco Menéndez es un ataque al corazón, otras versiones hablan de envenenamiento e incluso una herida mortal con arma blanca.

REPÚBLICA DEL SALVADOR.—CENTRO AMÉRICA.

DIARIO OFICIAL

San Salvador, lunes 23 de marzo de 1891.

Palacio del Ejecutivo:
San Salvador, marzo 23 de 1891.

Habiendo pasado á desempeñar la Secretaría de Estado en los Despachos de Fomento, Beneficencia é Instrucción Pública, el señor doctor don Francisco G. de Machón, y quedando por este motivo vacante la Subsecretaría de los Ministerios de Gobernación, Guerra y Marina; y atendiendo á la honradez, ilustración y demás dotes que concurren en el señor General de Brigada don Leónidas Plaza G., el Supremo Poder Ejecutivo ACUERDA: nombrarlo Subsecretario de los expresados Ministerios.—Comuníquese

(Rubricado por el señor Presidente).

El Secretario del ramo,

Ezeta.

Recorte de prensa
El Diario Oficial de la República de El Salvador
Centro América, San Salvador,
lunes 23 de marzo de 1891

El 9 de septiembre de 1890, el Gral. Plaza entregó el cargo de administrador de Rentas y Correos al señor José D. Romero. El 5 de noviembre del mismo año fue nombrado gobernador político del Departamento de San Miguel y el 22 de noviembre asumió el cargo de comandante general de Zona Militar de Oriente.

El día 6 de diciembre fue sustituido por el señor Francisco Vila en el cargo de hermano mayor de la Junta de Caridad de La Unión, para asumir la misma dignidad el mismo día, pero en la Junta de Caridad de San Miguel.[197]

El 23 de marzo de 1891, el presidente Carlos Ezeta nombró al Gral. Plaza subsecretario de Gobernación, Guerra y Marina.

197 Documento de origen desconocido y sin firma de responsabilidad titulado "Actuación del general Leonidas Plaza Gutiérrez, durante su estadía en El Salvador". Archivo Plaza en Zuleta.

EN NICARAGUA

Algo sucedió entre el general Plaza y los hermanos Ezeta o el gobierno de estos, porque lo cierto es que más adelante en ese mismo año de 1891, se encontraba en Nicaragua al servicio del gobierno del presidente Roberto Sacasa.[198]

Es importante anotar que durante más de treinta años (entre 1858 y 1889) los conservadores granadinos gobernaron Nicaragua. En agosto de 1889 falleció don Evaristo Carazo Aranda en pleno ejercicio del poder, poniendo fin a la hegemonía conservadora granadina. De inmediato se inició el proceso de la sucesión presidencial de conformidad con la ley y, por sorteo, salió seleccionado el senador Roberto Sacasa Sarria, con vínculos conservadores pero de la facción leonesa, para completar el término para el que había sido electo el presidente Carazo.

Conservadores leoneses y granadinos recibieron con beneplácito esta elección, pero al poco tiempo se dieron

198 En el Diario que escribió el periodista y escritor Enrique Guzmán Selva se encuentra, respecto al gobierno de "los Ezetas", con fecha 1° de agosto de 1890, lo siguiente: "Viene la noticia de que el Gral. José María Rivas cayó esta mañana en poder de Antonio Ezeta, hermano de Carlos, el cual lo mandó a fusilar inmediatamente". Más adelante, en el mismo documento, con fecha 1° de diciembre de 1890, narra: "Esta mañana vino a visitarme el Gral. Joaquín Gutiérrez (Chocoyito) quien me refirió varias historias horribles de los Ezeta relativamente a la manera atroz como gobiernan El Salvador: nada de eso se sabía aquí. Han establecido estos bribones una tiranía tan horrible como la de Rufino Barrios, cosa que no me sorprende para nada, pues uno de ellos Antonio Ezeta, vivió aquí en Granada, al otro, Carlos lo conocí en Guatemala".

cuenta de que el señor Roberto Sacasa gobernaría sin la facción granadina. Y lo que es peor, incorporó a su gabinete a algunos liberales, entre ellos al señor José Dolores Gámez, conocido y bien reputado ideólogo liberal radical.[199]

Terminado el período constitucional para el que fue electo por sorteo el presidente Sacasa, buscó la reelección en 1891 y logró vencer a sus opositores en las nuevas elecciones. El Gral. Plaza llegó a Nicaragua cuando Sacasa iniciaba su segundo mandato incorporándose al ejército regular nicaragüense cuando en el gobierno actuaban conservadores leoneses y liberales radicales.

Como era de esperarse, los conservadores granadinos fueron feroces opositores al régimen sacasista. A partir del 28 de abril de 1893 se desató una revolución en contra de Roberto Sacasa encabezada por los generales Eduardo Montiel, Joaquín Zavala y Agustín Avilés, todos conservadores granadinos.

Dos días después de declarada esta revolución, el Gral. Montiel emitió órdenes militares de reconocimiento de grados militares, dentro de esta lista se incluyó a José Santos Zelaya, reconocido militar liberal. El 30 de abril de 1893 el liberal José Santos Zelaya y el conservador Agatón Solórzano emitieron una proclama conjunta, declarándose enemigos de Roberto Sacasa. A lo largo del mes de mayo de 1893 se desarrollaron varias batallas entre las fuerzas sacasistas y las fuerzas revolucionarias. El 31 de mayo de ese año, gracias a la mediación del ministro plenipotenciario de los Estados Unidos de América, el señor Lewis Baker, y a la derrota sufrida

---

199 José Dolores Gámez puede ser comparado con José Peralta, intelectual liberal ecuatoriano.

por las fuerzas gubernamentales, se suscribió un convenio entre las partes beligerantes que se conoce como "Pacto de Sabana Grande". Por medio de este convenio se estipulaba lo siguiente: al día siguiente, es decir, el 1 de junio de 1893, Roberto Sacasa entregaría el poder al senador Salvador Machado, conservador leonés y se incorporaría un gabinete con personas nombradas por la Junta de Gobierno Revolucionaria y el propio senador Machado; se convocaría a elección de una Asamblea Constituyente en determinado plazo; se procedería con el desarme de las fuerzas revolucionarias; habría olvido recíproco y amplias garantías para todos y una serie de acuerdos adicionales. Este pacto fue ratificado en todas sus partes el 1 de junio de 1893 por la Junta de Gobierno Revolucionaria, conformada por Eduardo Montiel, Joaquín Zavala y José Santos Zelaya.

Lo que no sabían los actores de estos sucesos era que el Gral. José Santos Zelaya estaba tramando su propia revolución. Es así que el 11 de julio de 1893 el presidente Machado es apresado por las fuerzas de Zelaya. A los cinco días de este hecho, la facción conservadora granadina nombró presidente encargado del poder ejecutivo al Gral. Joaquín Zavala y se atizó el fuego para una nueva guerra civil. Se sucedieron varias batallas, hasta que el 31 de julio de 1893 las fuerzas beligerantes granadinas depusieron las armas y firmaron un convenio por el cual terminaban los 35 años de supremacía conservadora e iniciaba la Revolución Liberal de Zelaya.[200]

200 Bolaños Geyer, Enrique. La Revolución Liberal de Zelaya, página web de la Fundación Enrique Bolaños, https://www.enri-quebolanos.org/public/articulo/Jose_Santos_Zelaya (consultada el 20 de noviembre de 2022) y entrevista con Harry Dorn Holmann el 31 de mayo de 2022.

Pero todo esto ¿qué tiene que ver con el Gral. Leonidas Plaza Gutiérrez? Como queda dicho, algunos liberales colaboraron con el gobierno de Sacasa. No es de extrañar que el Gral. Plaza sea uno de ellos. El periodista y escritor nicaragüense Enrique Guzmán Selva[201], conservador granadino, en su Diario asienta con fecha 2 de mayo de 1890: *"El Dr. Julio Castro, a quien vi anoche en el Teatro, me asegura que los liberales seguirán apoyando a Sacasa"*.

El día 22 de agosto de 1891 fueron expulsados de Nicaragua por el gobierno de Roberto Sacasa el propietario del Diario Nicaragüense y su principal editor, Enrique Guzmán Selva. Con fecha 30 de septiembre de 1891 registró este último en su diario íntimo:

"Escribo a León a Sara Manning v. de Salazar: 'Veo en el Diario de la Capital que los liberales apoyan al Gobierno, de lo que me alegro. Nunca fui admirador del contubernio llamado alianza liberoconservadora. Tengo que ser hoy corto y reservado, pues no sé quién me llevará esta carta y en Managua abren toda la correspondencia de esta República'". Y el 1 de octubre apuntó que había escrito a su padre lo siguiente: *"Como la presente va por el correo y de seguro la abrirán en Managua nada puedo decir de lo que usted me pregunta, mucho me alegra que los liberales se hayan pasado al Gobierno con fusiles y fornituras"*. Por esas fechas, Guzmán Selva estaba asilado en Costa Rica, junto a decenas de políticos nicaragüenses conservadores granadinos, expulsados por el gobierno de Roberto Sacasa.[202]

201 Enrique Guzmán Selva fue hijo del Presidente Fernando Guzmán Solórzano, quien gobernó Nicaragua de 1867 a 1871. Nota del autor.

202 Guzmán Selva, Enrique, Diario Íntimo, Biblioteca Digital Enrique Bolaños. https://sajurin.enriquebolanos.org/docs/1095.pdf

En Nicaragua soplaban vientos de revolución. El periodista Guzmán Selva registró en su diario en fecha 24 de junio de 1891: *"Sigue hablándome de conspiración. Mariano Zelaya*[203] *me cuenta que Santos Zelaya dice que él se lanzará de cualquier manera a la revolución"*.

Para abril de 1893 la revolución había tomado cuerpo. Según el diario personal que estamos siguiendo, el 1 de mayo de 1893 las fuerzas del gobierno atacaron Masaya, una población que se encuentra entre Granada y León, pero fueron rechazadas. Al día siguiente volvieron a atacar, para ser nuevamente rechazadas, esta vez con grandes pérdidas para los atacantes. Guzmán Selva anotó en su diario el 7 de mayo: *"Se sabe que Leonidas Plaza y Domingo Murillo Galarza mandaban las tropas del usurpador (Sacasa)"*.

En 16 de mayo de 1893 agregó en su diario: *"Parece que ya está organizada la Junta de Gobierno: la componen Zavala, Eduardo Montiel y Santos Zelaya"*. Para el 22 de mayo se sabía que las fuerzas sacasistas estaban totalmente derrotadas y que el presidente Roberto Sacasa y su familia se encontraban en Corinto para embarcarse al exilio.

El 31 de mayo de 1893, como ya dijimos, se firmó el Convenio de Sabana Grande que dio fin a la guerra y con el que se acordaba formar un gobierno de coalición y convocar en el plazo de cuatro meses a una constituyente.

La política, léase "los intereses personales", intervinieron y nadie respetó el Convenio de Sabana Grande. Hubo una suerte de tira y afloja, incluso algunos intentos de levantarse en armas y hacerse del poder por parte de liberales y conserva-

203 Mariano Zelaya era hermano de José Santos Zelaya.

dores de las dos facciones (leonista y granadina). A mediados de julio de 1893, Joaquín Zavala Solís[204] fue proclamado presidente provisional por un grupo de notables en Managua.

Con algo más de sangre se consolidó el poder en la persona de José Santos Zelaya, de corte liberal, dejando de lado a los conservadores leoneses y granadinos. Santos Zelaya asumió el poder a partir de mediados de septiembre de 1893.

Es interesante la carta que escribió el señor Juan José Zavala Barberena[205] desde Granada, el 6 de octubre de 1944 a Galo Plaza Lasso. En ella se narra lo siguiente: el autor conoció al general Plaza Gutiérrez incidentalmente en Managua en el año de 1892 y,

"... al siguiente (año), en 1893, hubo en este país (Nicaragua) una revolución contra el Gobierno del Dr. Roberto Sacasa a cuyo servicio estaba su señor padre de usted, como General en Jefe del Ejército. Esa revolución encabezada por mi padre el General Joaquín Zavala, triunfó llevándole por segunda ocasión a la Presidencia de la República. El nuevo Gobierno dio plena garantías al Sr. Gral. Plaza después de unas cuantas semanas de permanecer asilado en nuestra propia casa, a pedimento de mi señor padre".[206]

204 Joaquín Zavala Solís ya había sido presidente de Nicaragua de 1879 a 1883.

205 Juan José Zavala fue hijo del presidente general Joaquín Zavala.

206 Galo Plaza Lasso fue hijo del General Leonidas Plaza Gutiérrez. La carta se encuentra en el Archivo Plaza en Zuleta.

Granada, Nicaragua,
6 de Octubre 1944.

Muy estimado Sr. Plaza:

Perdone Ud. que sin conocerle, me tome la libertad de escribirle. Me valgo para ello de la amistad íntima que me unió por muchos años con su Señor padre el Gral. Leonidas Plaza. Antes de entrar en la materia principal de esta carta, permítame historiarle brevemente, los sucesos y circunstancias en que nació y se formó esa amistad.

Le conocí incidentalmente en Managua, por el año de 1892. Era yo entónces un jóven de apenas 18 años. Al siguiente, en 1893, hubo en este país una revolución contra el Gobierno del Doctor Roberto Sacasa a cuyo servicio estaba su Señor Padre de Ud. como General en Jefe del Ejército. Esa revolución encabezada por mi padre el Gral Joaquín Zavala, triunfó, llevándolo por segunda véz a la presidencia de la República. El nuevo Gobierno dió plenas garantías al Sr. Gral Plaza despues de unas cuantas semanas de permanecer asilado en nuestra propia casa, a pedimento de mi Señor padre. Allí tuvimos la ocasión de conocer sus bellísimas prendas personales y allí nació la estrecha amistad a que más tarde debí el disfrute de tantos favores y satisfacciones. Cuatro años despues, en 1897, emigré a la vecina república de Costa Rica. El Gral Plaza se hallaba a la sazón, al servicio del Gobierno de aquel país, como Jefe de los Edecanes del Presidente don Rafael Iglesias. El Gral. Plaza me acogió en aquella ocasión como un verdadero padre, me alojó en su propia residencia de San José, y debido a su mediación fuí nombrado 2º Admor. de Aduana de Puerto Limón, a donde llegaba él a visitarme cada fin de semana, hasta el momento en que me tocó militar bajo su mando cuando los emigrados nicaragüenses invadimos el territorio de Nicaragua, virtualmente apoyados por el ejército de

Carta de Juan Bautista Zavala
a Galo Plaza Lasso
6 de octubre de 1944

Costa Rica del que fue el Gral. Plaza, el segundo jefe. A él debimos en gran parte, ese apoyo. Cuando fue electo Presidente del Ecuador tuve el honor de recibir su invitación para visitarlo en Guayaquil, lo que no pude hacer por circunstancias de familia –

Quize hacer a Ud. este relato, desde en Agosto de 1942, cuando inquiriendo en Nueva York, por la familia del Gral. Plaza con el Sr. don Ramón de Icaza, éste me informó que era el buen amigo de Ud. El hecho de tener en común la estimable amistad del Sr. Icaza, me alienta a referirme a él, en las actuales circunstancias.

Siendo su amigo, es obvio que conoce Ud. bien su valía, y por tanto, no es necesario que yo haga méritos de él ante Ud. Pero no podré dejar de mencionar la gratitud y admiración que él me inspira por los nobles y fraternales sentimientos que mostró en su amistad hacia mi hijo Joaquín, cuando éste enfermó gravemente en el Japón durante el primer año de la guerra con ese país –

Sus extraordinarias relevantes cualidades que después he conocido ampliamente, por el relato de mi hijo, lo hacen por cierto digno de la más alta estimación, y no he podido menos que valerme de la ocasión y del medio de esta carta, – quizá un tanto desautorizadamente – para mencionar a la consideración de Ud. la circunstancia lamentable de que, sucesos de orden político, por tanto transitorios, priven al Gobierno del Ecuador de la representación de un joven tan digno y meritísimo, al propio tiempo que grávan la suerte de su carrera en cuyo servicio ha honrado siempre a su patria –

He pedido a mi hijo Joaquín, mi estimado Sr. Plaza, que lo visite a Ud. personalmente, en primera ocasión, y ponga en sus manos esta carta en que me permito expresarle la viva satisfacción con que me aventuro a insinuarme en la amistad de Ud. asociándola al recuerdo de la que su señor padre me dispensó.

Agradézcole por anticipado, la acogida que se sirva conceder a mi hijo, y me honro en suscribirme con toda consideración y aprecio,

de Ud. muy atento servidor y amigo

Manl Zavala

Granada, Nicaragua

6 de octubre de 1944

Muy estimado Sr. Plaza:

Perdone Ud. que sin conocerle me tomé la libertad de escribirle. Me valgo para ello de la amistad íntima que me unió por muchos años con su señor padre el Gral. Leonidas Plaza.

Antes de entrar en la materia principal de esta carta, permítame historiarle brevemente, los sucesos y circunstancias en que nació y se formó esa amistad.

Le conocí incidentalmente en Managua, por el año de 1892. Era yo entonces un joven de apenas 18 años. Al siguiente, en 1893, hubo en este país una revolución contra el Gobierno del Doctor Roberto Sacasa a cuyo servicio estaba su señor padre de Ud., como General en Jefe del Ejército. Esa revolución encabezada por mi padre el Gral. Joaquín Zavala, triunfó, llevándolo por segunda vez a la presidencia de la República. El nuevo Gobierno dio plenas garantías al Sr. Gral. Plaza después de unas cuantas semanas de permanecer asilado en nuestra propia casa, a pedimento de mi señor padre. Allí tuvimos la ocasión de conocer sus bellísimas prendas personales y allí nació la estrecha amistad a que más tarde debí el disfrute de tantos favores y satisfacciones.

Cuatro años después, en 1897, emigré a la vecina república de Costa Rica. El Gral. Plaza se hallaba a la sazón al servicio del gobierno de aquel país, como jefe de los Edecanes del Presidente don Rafael Iglesias. El Gral. Plaza me acogió en aquella ocasión como un verdadero padre, me alojó en su propia residencia de San José, y debido a su mediación fui nombrado 2° administrador de Aduana de Puerto Limón, a donde llegaba él a visitarme cada fin de semana, hasta el momento en que me tocó militar bajo su mando cuando los emigrados nicaragüenses invadimos el territorio de Nicaragua, virtualmente apoyados por el ejército de Costa Rica del que fue el Gral. Plaza el segundo jefe. A él debimos, en gran parte, ese apoyo.

Cuando fue electo Presidente del Ecuador, tuve el honor de recibir su invitación para visitarlo en Guayaquil, lo que no pude hacer por circunstancias de familia.

Quise hacer a Ud. este relato, desde agosto de 1942, cuando inquiriendo en Nueva York, por la familia del Gral. Plaza con el Sr. don Ramón de Icaza, este me informó que era él buen amigo de Uds. El hecho de tener en común la estimable amistad del Sr. Icaza me alienta a referirme a él, en las actuales circunstancias.

Siendo su amigo, es obvio que conoce Ud. bien su valía, y por tanto, no es necesario que yo haga méritos de él ante Ud. pero no podré dejar de mencionar la gratitud y admiración que él me inspira por los nobles y fraternos sentimientos que mostró en su amistad hacia mi hijo Joaquín, cuando este enfermó gravemente en el Japón durante el primer año de la guerra con ese país.

Sus extraordinarias relevantes cualidades que después he conocido ampliamente, por el relato de mi hijo, lo hacen por cierto digno de la más alta estimación, y no he podido menos que valerme de la ocasión y del medio de esta carta, -quizá un tanto desautorizadamente- para mencionar a la consideración de Ud. la circunstancia lamentable de que, sucesos de orden político, por tanto transitorios, priven al Gobierno del Ecuador de la representación de un joven tan digno y meritísimo, al propio tiempo que gravan la suerte de su carrera en cuyo servicio ha honrado siempre a su patria.

He pedido a mi hijo Joaquín, mi estimado Sr. Plaza, que lo visite a Ud. personalmente, en primera ocasión, y ponga en sus manos esta carta en que me permito expresarle la viva satisfacción con que me aventuro a insinuarme en la amistad de Ud. asociándola al recuerdo de la que su señor padre me dispensó.

Agradézcole por anticipado, la acogida que se sirva conceder a mi hijo, y me honro en suscribirme con toda consideración y aprecio.

De Ud. muy atento servidor y amigo.

(firma) Juan Bautista Zavala

Cabe anotar que Roberto Sacasa murió en 1896 abrazando la causa liberal. Juan Bautista Sacasa, su hijo, llegó a la presidencia de Nicaragua por el Partido Liberal. Sacasa, hijo, médico con dilatada carrera política, asume el mando en dos ocasiones, la última de 1933 a 1936 cuando fue derrocado por Anastasio Somoza.

¿Traicionó el Gral. Plaza Gutiérrez a sus ideales liberales? La respuesta es no: el Gral. Alfaro o quien haya editado sus memorias están equivocados. Le tocó al Gral. Plaza Gutiérrez servir a un gobierno de corte conservador leonés, al igual que a muchos otros prominentes liberales nicaragüenses; quienes vieron al gobierno de Roberto Sacasa como una alternativa válida ante la facción conservadora granadina que había gobernado Nicaragua durante los treinta años anteriores, a la que sí se alió con astucia José Santos Zelaya.

EN COSTA RICA

El Gral. Leonidas Plaza Gutiérrez logró obtener un salvoconducto que le permitió salir de Nicaragua con destino a Costa Rica, país que gobernaba el señor doctor José Joaquín Rodríguez Zeledón. Rodríguez Zeledón[207] fue un abogado progresista que tuvo que hacer frente al poder de la Iglesia, al introducir principios liberales en la vida de la nación. Había sido un reconocido y respetado magistrado de la Corte Suprema y canciller de su país.

---

207 El Dr. José Joaquín Rodríguez Zeledón gobernó en Costa Rica del 8 de mayo de 1890 al 8 de mayo de 1894.

Al inicio de su gobierno buscó el apoyo de la Iglesia Católica, pero el partido liberal decidió apoyarlo incondicionalmente. A mediados de su mandato tuvo que declararse dictador por un período corto para luego retornar a un régimen democrático al finalizar el término de su mandato.

El general Plaza fue nombrado comandante de plaza de la provincia de Alajuela por el gobierno de Rodríguez Zeledón y mantuvo este cargo en el gobierno del sucesor, el señor Rafael Yglesias Castro, también liberal.

LA LUCHA LIBERAL EN ECUADOR

Enterado de los éxitos de la revolución liberal en su patria, el general Plaza anunció a sus subalternos su separación del cargo de comandante de plaza en la provincia de Alajuela mediante orden de plaza fechada en 9 de junio de 1895: "*... por corto tiempo; la Patria de mi nacimiento* [208] *reclama mis servicios y me llama a ocupar el puesto de soldado en las filas de la más grande y noble revolución que ha visto la América en este último cuarto de siglo*"[209].

208 El subrayado es del autor. Al momento de redactar esta Orden de Plaza, el Gral. Plaza no se imaginaba llegar a ocupar la presidencia de la República del Ecuador. Si hubiese nacido en Colombia, no habría escrito que acudía a un llamado del país que lo vio nacer.

209 Archivo Plaza en Zuleta.

Orden de Plaza
del día 9 de junio de 1895.
Servicio el acostumbrado.

Me separo de la Comandancia de Plaza de esta Provincia por corto tiempo: la Patria de mi nacimiento reclama mis servicios y me llama a ocupar el puesto de soldado en las filas de la más grande y noble revolución que ha visto la América en este último cuarto de siglo.

Me duele el corazón al separarme de todos mis subalternos sin distinción ninguna porque todos con su ejemplar conducta se han hecho dignos de mi estimación y cariño. El personal de la Guarnición de Alajuela que ha estado bajo mis órdenes hasta esta fecha ocupará siempre lugar preferente en mi corazón.

A todos Jefes, Oficiales y soldados les pido no olviden al Jefe que hoy los deja por acudir solo a un llamamiento sagrado.

La disciplina y el buen comportamiento de todos será la mejor prueba de que me recuerdan y me quieren.

Mi separación no será larga y mientras pueda estrechar nuevamente la mano de todos mis queridos subalternos reciban por medio de esta Orden de Plaza mi despedida cariñosa.

Publíquese

[illegible]

Orden de Plaza del
día 9 de junio de 1895

Orden de Plaza

del día 9 de junio de 1895

Servicio el acostumbrado.

Me separo de la Comandancia de Plaza de esta Provincia por corto tiempo: la Patria de mi nacimiento reclama mis servicios y me llama a ocupar el puesto de soldado en las filas de la mas grande y noble revolución que ha visto la América en este último cuarto de siglo.

Me duele el corazón al separarme de todos mis subalternos sin distinción ninguna, porque todos con su ejemplar conducta se han hecha dignos de mi estimación y cariño. El personal de la Guarnición de Alajuela que ha estado bajo mis órdenes hasta esta fecha ocupará siempre lugar preferente en mi corazón.

A todos los Jefes, Oficiales y soldados les pido no olviden al Jefe que hoy los deja por acudir solo a un llamamiento sagrado.

La disciplina y el buen comportamiento de todos será la mejor prueba de que me recuerdan y me quieren.

Mi separación no será larga y mientras pueda estrechar nuevamente la mano de todos mis queridos subalternos reciban por medio de esta

Orden de Plaza mi despedida cariñosa.

Publíquese

(Firma Leonidas Plaza Gutiérrez)

Al poco tiempo, el general Plaza Gutiérrez se encontraba ya luchando junto a Alfaro para consolidar la revolución liberal en el Ecuador. Leonidas Plaza Gutiérrez participó activamente y con éxito en la Batalla de Gatazo.

Permaneció en el país hasta fines de 1897. En este período ocupó cargos como el de gobernador del Azuay, comandante en jefe de las fuerzas liberales en la Sierra Centro, diputado en la Constituyente de 1897. En el siguiente volumen de esta obra nos ocuparemos en detalle de esta fructífera y heroica etapa de su vida.

DE VUELTA EN COSTA RICA

Para 1898 se encontraba nuevamente el Gral. Plaza en Costa Rica, esta vez ejerciendo el cargo de jefe de edecanes del presidente Rafael Yglesias Castro.[210]

El presidente Yglesias triunfó en las elecciones para el período 1894 a 1898 y logró la reelección para el siguiente período que finalizó en 1902.

La candidatura de Yglesias fue auspiciada por el Partido Civil de Costa Rica, de línea liberal.

En 1898 el Gral. Plaza Gutiérrez apoyó públicamente a los exiliados nicaragüenses en su intento de derrocar al presidente José Santos Zelaya de Nicaragua representando en esta

---

210 Rafael Yglesias Castro gobierna Costa Rica dos períodos presidenciales sucesivos, del 8 de mayo de 1894 al 8 de mayo de 1902.

labor al presidente Yglesias. Una cosa es ser liberal y otra muy distinta es apoyar a un régimen que se aleja de sus principios.

En ese año Costa Rica y Nicaragua estuvieron al borde de la guerra por cuestiones limítrofes. No era de extrañar que el presidente Yglesias, liberal costarricense, conspire contra el presidente José Santos Zelaya, nicaragüense, también liberal.

En el siguiente volumen de esta obra, nos encargaremos de detallar este tema.

MUERTE DE JOSÉ BUENAVENTURA PLAZA

En 1899, Leonidas Plaza Gutiérrez regresó al Ecuador para acompañar a su padre, José Buenaventura Plaza Centeno, en sus últimos días de vida y acompañar a su madre, doña Alegría Gutiérrez Sevillano de Plaza, en esos tristes momentos.

Murió el padre y los sucesos políticos que se desarrollaron en el Ecuador a partir de 1899, sobre los cuales también nos encargaremos de detallar en el próximo volumen, obligaron al Gral. Plaza a quedarse en su país y nunca más regresó a vivir en Centroamérica.

El Presidente don Rafael Yglesias se retrata con su brillante acompañamiento militar en el foyer del recién estrenado Teatro Nacional, orgullo de su administración y de la Costa Rica de albores del siglo. Durante su gobierno se empezó el Ferrocarril del Pacífico y se implantó el Talón de oro.

El Gral. Leonidas Plaza Gutiérrez se encuentra sentado en el séptimo puesto de derecha a izquierda.

Foto con el presidente Rafael Yglesias y su Alto Mando militar

PLAZA GUTIÉRREZ NACIÓ EN CHARAPOTÓ

Detractores del general Leonidas Plaza Gutiérrez calificaron de fraudulento el certificado de bautizo que, para asumir la primera magistratura del Ecuador, él presentó ante el Congreso Nacional de la República.

Llegaron a acusarle el haber suplantado la identidad de un hermano fallecido para aparecer como ciudadano ecuatoriano en lugar de colombiano, como sus opositores pretendían demostrar.

> *"No he de llamar General a Leonidas Plaza Gutiérrez, a pesar de que contribuí con un discurso y con mi voto, en la Convención de 1897, para que obtuviera esta alta distinción. Plaza no es ecuatoriano. Quien ha leído la "Campaña de 20 días", sabe los antecedentes de este ya conocido personaje. ... "*, escribe Roberto Andrade en su libro ¡Sangre! ¿Quién la derramó? [211]

Vamos a establecer la verdad.

---

211 Andrade, Roberto. (1912). *¡Sangre! ¿Quién la derramó? Historia de los últimos crímenes cometidos en la Nación del Ecuador*. Quito: Imprenta antigua de "El Quiteño Libre", página 13.

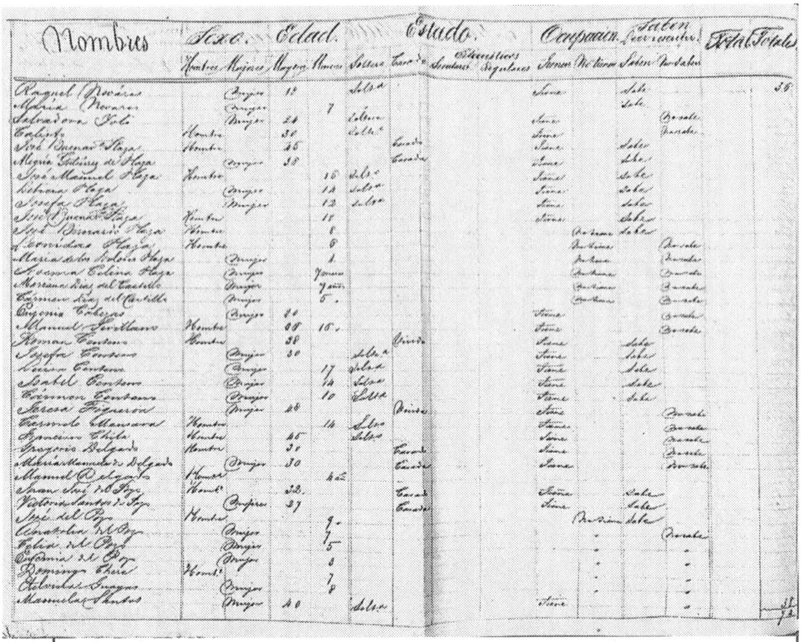

Detalle de la familia Plaza Gutiérrez en el censo de 1871

En el reverso de la hoja 1 del censo de la parroquia única de Bahía de Caráquez, cantón Rocafuerte, provincia de Manabí, realizado a nivel nacional en 1871, encontramos:

Que en la familia del señor José Buenaventura Plaza y la señora Alegría Gutiérrez, entre los varios hijos consta Leonidas Plaza, hombre, menor de 6 años de edad, sin ocupación y sabe leer.

Este niño nació en 1865, en consecuencia es el que fue bautizado en la iglesia parroquial de Charapotó con los nombres de José León Julio.

Que por la composición de la familia Plaza Gutiérrez, no cabe la posibilidad que Leonidas haya podido suplantar la identidad de alguno de sus hermanos.

Este documento prueba que Leonidas es José León Julio y que nació en Charapotó.

Empadronamiento 1871 Bahía
Familia Plaza Gutiérrez

EL CENSO DE 1871

En el censo que se realizó a escala nacional en 1871, encontramos que, en Bahía de Caráquez, en el hogar de José Buenaventura Plaza Centeno, entre otros, vivía Leonidas Plaza Gutiérrez, de seis años de edad.[212]

En el hogar de don José Buenaventura Plaza quedan registrados: su mujer, Alegría Gutiérrez de Plaza y ocho hijos, el mayor de dieciséis años y la menor de siete meses de edad y cuatro personas más, sobre quienes comentaremos más adelante.

Entre los hijos del matrimonio Plaza Gutiérrez, en el sexto lugar encontramos a un niño de 6 años de edad, llamado Leonidas. Este niño nació, pues, en 1865.

NACE EN CHARAPOTÓ

José León Javier Leonidas Plaza Gutiérrez nació el 11 de abril de 1865 en la casa de su tía Mercedes Plaza Centeno en Charapotó, en el seno de la familia de José Buenaventura Plaza Centeno y Alegría Gutiérrez Sevillano.

---

212 El Censo fue realizado en Bahía de Caráquez para cumplir con el Decreto Ejecutivo del 7 de enero de 1871. Los documentos originales se encuentran en el Archivo Histórico del Ecuador.

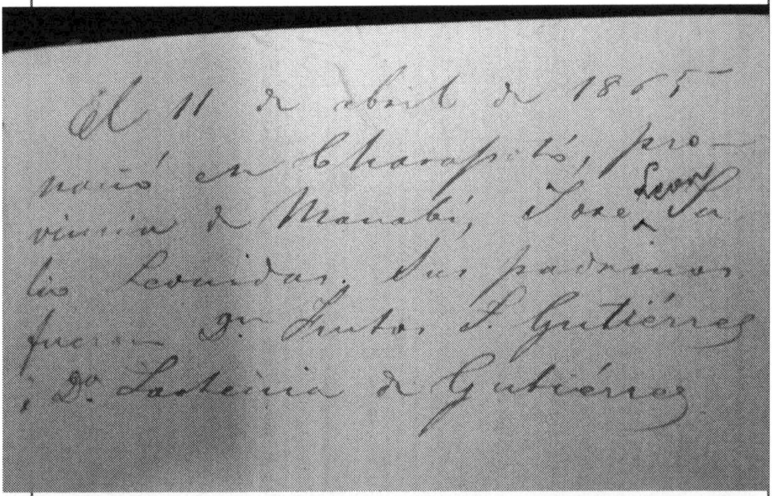
El 11 de abril de 1865
nació en Charapotó, pro-
vincia de Manabí, José Julio Leonidas. Sus padrinos
fueron Dn. Frutos T. Gutiérrez
i Da. Lastenia de Gutiérrez.

El 11 de abril de 1865 nació en Charapotó, provincia de Manabí, José Julio Leonidas. Sus padrinos fueron Don Frutos T. Gutiérrez y Doña Lastenia de Gutiérrez.

Libreta de anotaciones personales
de José Buenaventura Plaza Centeno

Esta información la tenemos de unas libretas con anotaciones personales y familiares del padre de Leonidas Plaza Gutiérrez.[213]

El autor de estas anotaciones es José Buenaventura Plaza Centeno, quien falleció en Bahía de Caráquez en 1899, un par de años antes de que el Gral. Leonidas Plaza Gutiérrez sea candidato y asuma la presidencia de la República del Ecuador.

La partida de bautismo del general Plaza Gutiérrez se conserva en el Libro Parroquial de Bautizos de Charapotó.[214]

Del documento parroquial se desprende que Leonidas Plaza Gutiérrez fue bautizado como José León Julio y que la fecha de nacimiento fue el 18 de abril de 1865, cuando en realidad fue siete días antes de esta fecha, como dice su padre en las libretas de anotaciones que legó a la familia.

Podemos observar que el párroco de Charapotó en esa época no era muy minucioso o al menos no le gustaba la precisión. Al padre lo llama José, en lugar de José Buenaventura, que era el apelativo que usaba. Dice que el niño tenía veinte

213 Las dos libretas con las anotaciones personales del señor José Buenaventura Plaza Centeno las tenía su bisnieta Margarita Plaza Pallares. Ahora son parte del Archivo Plaza en Zuleta. Las recibió de su pariente Alegría Puig Gómez. Estas libretas las conservó una hija de José Buenaventura, María de los Dolores Plaza Gutiérrez, pasando de generación en generación a su tataranieta Alegría Puig Gómez.

214 Obtuvimos copia de la página correspondiente a la partida de bautizo del Gral. Plaza y la de su hermano inmediatamente mayor, José Bernardo Plaza Gutiérrez, gracias a la diligente colaboración de la señora Emma Chica, asistente Parroquial, y la gentileza del padre Manuel Cedeño (correo electrónico 2022-03-02).

días de nacido a la fecha del bautizo, cuando en realidad tenía veintisiete. Ni siquiera emplea una fórmula de rigor para asentar un documento de esta naturaleza, como *"En esta Santa Iglesia Parroquial de Charapotó ... "*, ni tilda a los padrinos de señor y señora. No debe sorprendernos entonces que registrara el nombre del infante como José León Julio y no como José León Julio Leonidas como registra su padre en su libreta de anotaciones familiares ni registra adecuadamente la edad del niño.

A manera de comparación, presentamos a continuación la partida de bautismo de José Bernardo Tomás Javier León, nacido dos años antes, bautizado en la misma iglesia, pero por otro párroco.

Es notoria la prolijidad del cura que bautizó a Bernardo, a diferencia del que bautizó a Leonidas.

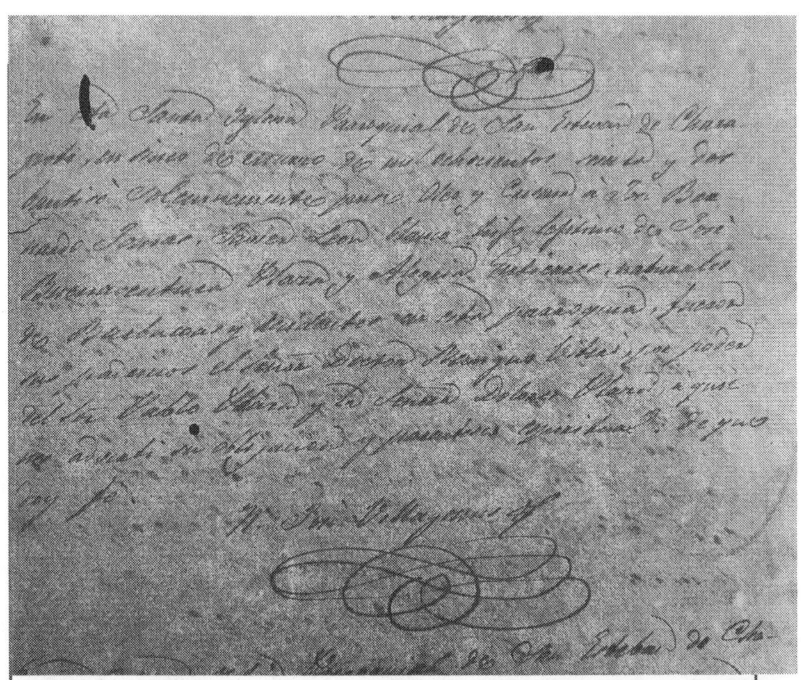

Partida de Bautismo de José Bernardo Tomás Javier León Plaza

En esta Santa Iglesia Parroquial de San Estevan de Charapotó, en cinco de marzo de mil ochocientos sesenta y dos bauticé solemnemente puse Oleo y Crisma a José Bernardo Tomás Javier León blanco hijo legítimo de José Buenaventura Plaza y Alegría Gutiérres, naturales de Barbacoas y residentes en esta parroquia, fueron sus padrinos el Señor Doctor Benigno Viteri por poder del Sr. Pablo Plaza y la Señora Dolores Plaza a quienes advertí su obligación y parentesco espiritual; de que doy fe.

(firmado: Fray José Villagómes)

Partida de bautismo
Bernardo Plaza Gutiérrez

Partida de Bautismo de José León Julio Plaza

En esta iglesia de Charapotó a ocho de mayo de mil ochocientos sesenta y cinco, bauticé solemnemente a José León Julio de veinte días de nacido hijo legítimo de José Plaza y de Alegría Gutiérrez; fueron sus padrinos Benigno Velazco y Mercedes Plaza a quienes advertí su parentesco [ilegible] de que doy fe.

(firmado Fray Felipe Cruz Castelar)

Partida de bautismo de José León Julio Plaza

Página completa donde consta la partida de bautismo José León Julio Plaza

LUGARES DE NACIMIENTO DE LOS PLAZA GUTIÉRREZ

Bernardo y Leonidas son los dos únicos Plaza Gutiérrez que nacieron en Charapotó. Ambos vivieron hasta bien entrado el siglo XX. La hermana que les sigue, Dolores, nació en Barbacoas, como también la siguiente, Mariana. Los hermanos menores nacieron en Bahía de Caráquez (Diana, Rogelia y Plácido). Los mayores a Bernardo nacieron todos en Barbacoas.

Cabe anotar que en 1865 un grupo de charapotos decidieron mudarse a "la Bahía de los Caráquez" como llamaban al lugar donde se encuentra actualmente la ciudad con este nombre.

Los empujó, seguramente, la actividad del puerto y la existencia de las bodegas desde las cuales se embarcaba la producción agrícola de Chone y sus alrededores hacia los diversos mercados. Existía una línea férrea que partía de Chone y llegaba a Bahía, la cual se proyectaba conectar con Quito.

José Buenaventura fue uno de los veinte o más charapotos que tomaron esta decisión. Es posible que, para esto, haya vendido su casa en Charapotó y se haya alojado por un tiempo en casa de su hermana Mercedes Plaza Centeno, época que coincide con el nacimiento de Leonidas.

Se observa que a don José Buenaventura Plaza le dio por utilizar el nombre de José en todos sus hijos. Seguramente por tradición familiar, como también se ve en la generación anterior: su padre se llamaba José Bernardo y era sobrino de dos curas: José Manuel, misionero, que llegó a ser el tercer obispo de Cuenca; y, José Mariano, párroco de Canoa.

Los hijos de José Buenaventura Plaza Centeno y de Alegría Gutiérrez Sevillano fueron:

José Bernardo Tomás Javier Sandalio, nació en 1853 y falleció siendo niño.

José Manuel, 1855.

María Leticia, 1857.

María Josefa, 1859.

José Buenaventura Agustín, 1861.

Todos los anteriores nacidos en Barbacoas. Les siguen:

José Bernardo Tomás Javier León, 1863.

José León Julio Leonidas, 1865.

Estos dos nacieron en Charapotó.

María de los Dolores, 1867.[215]

Mariana de Jesús Noema Celina de las Mercedes, 1870.

Ambas nacidas en Barbacoas.

---

215 Se trata de la bisabuela del autor. Ella fallece en Guayaquil en 1939 de 72 años de edad. En el certificado de defunción emitido por el Registro Civil del Ecuador, que reposa en los archivos del autor, consta que era de nacionalidad colombiana.

Diana Isolina, 1873.

María Rogelia Nisa, 1875.

José Plácido Benjamín, 1877.

Los últimos tres hijos nacieron todos en Bahía de Caráquez.

No hay posibilidad de que el general Plaza Gutiérrez haya suplantado a algún hermano fallecido.

LAS PERSONAS QUE VIVÍAN EN CASA DE LOS PLAZA EN 1871

Según el censo ya mencionado, en casa de don José Buenaventura Plaza Centeno habitaban dos niñas de apellido Díaz del Castillo, Mariana y Carmen, de siete y cinco años de edad; así como Eugenia Cabezas, de veinte años, y Manuel Sevillano, de dieciséis años de edad.

La madre del general Plaza Gutiérrez, doña Alegría, fue hija del sargento mayor don Tomás Gutiérrez de Caviedes, prócer de la Independencia, y de su esposa doña Francisca Javiera Sevillano Piñeiro, como queda dicho en los capítulos anteriores. Uno de los hermanos de doña Alegría, don Fruto Tomás Gutiérrez Sevillano, se casó con doña Lastenia Pérez Ortiz y entre sus vástagos encontramos a doña María Gutiérrez Pérez, que nació en Barbacoas en 1872 y se casó en su ciudad natal con don Emiliano Díaz del Castillo Ortiz, nacido en esa misma ciudad el 10 de octubre de 1867. Es muy probable que las niñas Mariana y Carmen hayan sido hermanas de don Emiliano.

La relación entre las familias Plaza Gutiérrez y Díaz del Castillo Ortiz fue muy estrecha.[216]

En la libreta de anotaciones familiares de don José Buenaventura Plaza consta que Fruto Tomás Gutiérrez Sevillano y doña Lastenia Pérez fueron los padrinos de bautizo de José León Javier Leonidas Plaza Gutiérrez. Esto contradice a la partida de bautismo; sin embargo, es muy probable que los señores Benigno Viteri y su esposa María Plaza "cargaron" al niño en representación del hermano de Alegría y de su cuñada.

Respecto a Eugenia Cabezas, seguramente se trataba de una empleada doméstica, al igual que Manuel Sevillano.

LA DESPEDIDA DE OFICIALES Y TROPA EN COSTA RICA

Un documento sobre cuyo significado también parece importante insistir en este capítulo, a pesar de que ya fue presentado, es la despedida que el general Leonidas Plaza Gutiérrez dirige a sus oficiales y tropa, el 9 de junio de 1895, en Alajuela, Costa Rica, donde se desempeñaba como comandante de plaza. La imagen del documento en mención se encuentra reproducida en el capítulo anterior, relativo a su vida en Centroamérica.

---

216 Emiliano Díaz del Castillo Zarama, descendiente de Frutos Tomás Gutiérrez Sevillano, conservaba en sus archivos muchos documentos, cartas y fotografías de la familia Plaza Gutiérrez y Plaza Lasso.

En ese documento se lee la siguiente frase que vale la pena repetir: "*... Me separo de la Comandancia de Plaza de esta Provincia por corto tiempo: la Patria de mi nacimiento reclama mis servicios y me llama a ocupar el puesto de soldado en las filas de la más grande y noble revolución que ha visto la América en este último cuarto de siglo.*" [217] Esto escribió Leonidas Plaza Gutiérrez mucho antes de imaginar que llegaría a ocupar el solio presidencial en Ecuador.

Queda establecido que el general Leonidas Plaza Gutiérrez fue ecuatoriano por nacimiento y que la partida de bautismo presentada al Congreso Nacional para su calificación es la suya.

Su familia lo bautizó con los nombres de José León Julio Leonidas y nació el 11 de abril de 1865 en Charapotó, provincia de Manabí.

Queda demostrado que las cinco acusaciones en contra del general Leonidas Plaza Gutiérrez descritas en este libro no son sino embustes, burdas calumnias, contra las cuales la víctima no creyó necesario refutar, porque creía que la verdad lo exculparía. No cabe duda: la verdad es que Leonidas Plaza Gutiérrez fue víctima de su silencio.

***

Quito, 12 de enero de 2023

---

217 Orden de Plaza del día 9 de junio de 1895. Archivo Plaza en Zuleta. El subrayado es del autor.

AGRADECIMIENTOS

Este tomo fue escrito con la ayuda de muchas personas.

Debo mencionar en primer lugar al Dr. Mauricio Pérez Martínez y a tres bisnietos del Gral. Leonidas Plaza Gutiérrez: Galo Plaza Gómez de la Torre, Ricardo Crespo Plaza y Fernando Polanco Plaza, quienes han colaborado para hacer de este proyecto una realidad.

A Rafael Cordero Aguilar, Santiago Crespo Seminario y Andrés Ponce Palacios que me ayudaron a encontrar documentos valiosos en el Archivo Zuleta, siempre acompañados por el entusiasmo, dedicación y talento que me mostraron Álvaro Ponce Almeida y su mujer, Margarita Plaza Pallares, nieta del Gral. Plaza. A ellos les agradezco por sus comentarios y observaciones al texto.

A Fausto Coba Estrella, Wilson Granja Ávalos, María del Carmen Almeida, Carlos Ponce García y Patricio Eastman Pérez por haber dedicado algunas horas en revisar el texto y hacerme llegar sus opiniones.

A Harry Dorn Holmann que me ilustró en historia centroamericana con una exposición muy didáctica, generosa y certera. Su colaboración fue esencial al momento de escribir el capítulo dedicado a la vida del Gral. Plaza en Centroamérica.

A Diego Moscoso Peñaherrera y Fernando Jurado Noboa. Los dos, con mucha generosidad, me han entregado valiosa información sobre nuestro personaje. La idea de publicar esta obra en dos tomos y del contenido de cada uno de ellos es de Fernando Jurado.

A mi mujer, Gabriela Ribadeneira Aguirre, quien aportó mucho para mejorar mi escrito y tuvo la paciencia para soportar mis largas horas de desvelo y dedicación a este proyecto.

A Gonzalo Ortiz Crespo por su invalorable ayuda al revisar el texto y aportar importantes mejoras en la forma y en el fondo.

A mis dos hijas: Cristina Arroyo Álvarez, quien editó y corrigió el texto, y Ana María Arroyo Álvarez, quien diseñó y diagramó este tomo. Cuento, desde ya, con la invalorable ayuda de ellas para el siguiente.

Agradezco también al personal del Archivo Histórico Nacional del Ecuador, al de la Biblioteca Ecuatoriana Aurelio Espinosa Pólit; al párroco de Charapotó, padre Manuel Cedeño y a su asistente, la señora Emma Chica.

A todas las personas nombradas, reitero mi franco e imperecedero agradecimiento.

BIBLIOGRAFIA

Alfaro Delgado, Eloy. (2012). *Obras Completas, Volumen III*. Quito: Instituto de Investigación, Formación y Promoción de Política Electoral.

Alfaro Delgado, Eloy. (2014). *Escritos Históricos: Colección de pensamientos de nuestra América*. Guayaquil: Fondo Editorial Casa de las Américas.

Alfaro Paredes, Olmedo. (2012) *El Asesinato del general Eloy Alfaro*. Quito: Editorial El Conejo.

Alvarado Gualpa, José E. (2012). *El monipodio de los avechuchos y los claroscuros de Eloy Alfaro y su muerte 1912 – 2012*. Ambato: Departamento de Cultura del GAD Municipalidad de Ambato.

Andrade, Manuel de Jesús. (1912). *Páginas de sangre, Los asesinatos de Quito el 28 de enero de 1912*. Panamá: Impreso por Diario de Panamá.

Andrade, Roberto. (1912). *¡Sangre! ¿Quién la derramó? Historia de los últimos crímenes cometidos en la Nación del Ecuador*. Quito: Imprenta Antigua de "El Quiteño Libre".

Anónimo (probablemente Alfaro Paredes, Olmedo). (1912). *El asesinato de Alfaro ante la historia y la civilización*. Panamá: Impreso por Diario de Panamá.

Anónimo. (1913). *El Partido Conservador sindica a los asesinos de Alfaro y compañeros*. Quito.

Ayala Mora, Enrique (editor). (1988). *Nueva Historia del Ecuador, Volumen 2, Época Republicana*. Quito: Corporación Editora Nacional / Editorial Grijalvo.

Ayala Mora, Enrique. (2005). *Resumen de historia del Ecuador*, 3° edición, Quito: Corporación Editora Nacional.

Ayala Mora, Enrique (editor). (2011). *El crimen de El Ejido, 28 de enero de 1912*. Quito: Corporación Editora Nacional – Universidad Andina Simón Bolivar – Grupo El Comercio.

Bolaños Geyer, Enrique. *La revolución liberal de José SantosZelaya*.https://www.enriquebolanos.org/public/articulo/Jose_Santos_Zelaya

Bowen Garcia, Daniel. (2017). *Plutarco Bowen general de cinco naciones*. Guayaquil: Impreso por Grafinpren

Coba Robalino, José Maria. (1995). *Memorias de un cura en la época alfarista: El testimonio de los vencidos*. Quito: Serie Alfarada – Sociedad de Amigos de la Genealogía (SAG) – Delta S.C.

Cruz S. Arturo. (2003). *La República Conservadora de Nicaragua 1858-1893*. Managua: Colección Cultural de Centro América.

De la Torre Reyes, Carlos. (1995). *La Espada sin Mancha*. Quito: Ediciones del Banco Central del Ecuador.

Díaz del Castillo Zarama, Emiliano. (1992). *Gutiérrez de Caviedes, Una familia de próceres*. Santafé de Bogotá.

Editorialistas de El Día. (1916). *El mes trágico, Compilación de documentos para la historia ecuatoriana*. Quito: Folletín de EI Día.

Estupiñán Tello, Julio C. (inédito). *La revolución de Esmeraldas 1913*. Archivo familia Plaza en Zuleta.

Estupiñán Tello, Julio C. (1976). *Historia de Esmeraldas, Monografía Integral de Esmeraldas*. Portoviejo: Editorial Gregorio.

Falconi Pérez, Cecilia (compiladora). (2017). *General Julio Andrade: Paz, Consuelo, Victoria*. Quito: Editorial El Conejo.

Figueroa, José Antonio. (2022). *Republicanos negros, guerras por la igualdad, racismo y relativismo cultural*. Bogotá: Editorial Planeta S.A.

González Páez, Miguel Ángel. (1934). *Memorias históricas, Génesis del liberalismo, su triunfo y sus obras en el Ecuador*. Quito: Editorial Ecuatoriana.

Guarderas, Francisco. (1945). *Mis épocas*. Cali: Fernández Morgado & Lahera Ltda.

Guarderas, Francisco. (1953). *El Viejo de Montecristi: Biografía de Alfaro*. Quito: Editorial La Unión C.A.

Guzmán Selva, Enrique. *Diario Íntimo*. https://sajurin.enriquebolanos.org/docs/1095.pdf

Ibujés Cobos, Joaquín. (2015). *¿Por qué asesinaron a Eloy Alfaro?* Quito.

Lamus G., Ramón. (1912). *Páginas de Verdad*. Quito: Imprenta y Encuadernación Nacionales

Lloret Bastidas, Antonio. (2020). *Ensayos para la memoria*. Cuenca: 200 Cuenca Bicentenario

Loor, Wilfrido. (1947). *Eloy Alfaro*. Quito: Editora Moderna.

Martini Robles, Gino. (2013). *Eloy Alfaro y Leonidas Plaza, pasión y traición*. Manta: Editorial Mar Abierto

Mejia Salazar, Alvaro R. (2021). *Reacciones ante los sucesos del 4 de mayo de 1897*. Quito: Ius et Historiae.

Muñoz Borrero, Eduardo. (1988). *En el Palacio de Carondelet*, 3° edición. Quito: Artes Gráficas Señal

Ortiz Crespo, Gonzalo. (2012a). *Alfaro en la sombra*. Quito: Paradiso Editores.

Ortiz Crespo, Gonzalo. (2012b). *El arrastre de los Alfaro: una mirada crítica sobre una terrible tragedia*. Quito: CORDES.

Pareja Diczcanseco, Alfredo. (1990). *Breve Historia del Ecuador*. Quito: Libresa.

Pareja Diezcanseco, Alfredo. (2003). *La hoguera bárbara I y II*. Quito: Colección Media Luna. / Campaña Nacional por el Libro y la Lectura.

Pérez Concha, Jorge. (1987). *Carlos Concha Torres: biografía de un luchador incorruptible*. Quito: Editorial El Conejo.

Pernett Yépez, Hernán. (2004). *Alfaro, ángel de las tinieblas*. Quito: La Metro Corporación.

Robalino Dávila, Luis. (1969). *Orígenes del Ecuador de hoy, Tomo VIII*. Puebla: Editorial Jose Maria Cajica Jr. S.A.

Robalino Dávila, Luis. (1971). *Testimonio de los tiempos*. Quito: Editorial Ecuatoriana

Robalino Dávila, Luis. (1974a). *Orígenes del Ecuador de hoy, Tomo VII, Volumen I y II*. Puebla: Editorial José María Cajica Jr. S.A.

Robalino Dávila, Luis. (1974b). *Memorias de un nonagenario*. Quito: Editorial Ecuatoriana.

Robles López, Marco. (2002). *Páginas olvidadas de la vida de José Peralta*. Quito: Editorial Raíces.

Salvador Lara, Jorge. (1995). *Breve historia contemporánea del Ecuador*. México DF: Fondo de Cultura Económica de México.

Quito, Ecuador

2023

Made in the USA
Middletown, DE
07 May 2024